去られるためにそこにいる

子育てに悩む親との心理臨床

田中茂樹
Tanaka Shigeki

日本評論社

はじめに

この本を手にとってくださった方へ。

地域の診療所での外来診察や訪問診療を、私は仕事にしている。同時に、カウンセラーとして、子どもの問題で相談に来た親との心理面接も行っている。

過去に勤務していた大学の心理臨床センターで、カウンセリングにかかわり始めた頃、子どもの不登校に悩む親の相談をよく担当した。ほとんどのケースで、親は朝から晩まで子どもに指示や命令を出し続けていた。これでは子どもは、家でも気が休まらないと感じた。

そこで、子どもへの小言を控えること、子どもを導こうとするのをいったんやめてみることを、面接で提案するようになった。その時点では、何かの理論や技法に従ったわけではなかった。しいていえば、カウンセリング（心理臨床）で傾聴が基本であるように、こころが疲れているであろう子どもに、親は受容的に接したほうがいいだろうという考えだった。これまでずっと、もう十分に小言は言い続けてきたのだから、しばらくやめてみて何が起こるか見てみましょう、と。結果的にこのスタイルは大変うまくいった。

子どもへの小言を控えるように、と言われても、それまでずっと手出し口出しを続けてきた親には簡単なことではない。その習慣を手放そうとすると、いろいろな感情（怒り、不安、淋しさ、罪悪感など）が生じてくる。そのような問題にぶつかって悩む親に寄り添う。乗り越えていくのをサポートする。それが面接での私の仕事であった。子どものためを思っていろいろ先回りして心配していた親が、次第に子どものたくましさに気づいていく。同時に、親は淋しさを味わう。自分自身の親との間にあった問題に、初めて気がつくことも多い。

カウンセリングにおいて、クライエントが語った怒りや不安、悲しみを、私自身も自分の子どもと向き合うなかで体験していた。そして、カウンセリングの視点で捉え直してみると、外来診察における患者さんやその家族とのやりとりのなかにも、それ以前には意識していなかった、実にさまざまな大切なことが隠れていた。

本書では、私が心理面接や診察で経験したことを紹介しながら、感じたこと、考察したことを書いた。

この本で私は、以下のことを伝えたい。

子どもに幸せになってもらいたいと願うがゆえに、親は、自分がよいと思う方向に子どもを導こうとする。また、「問題だ」と自分が考える点を改善しようと、あれこれ口出しをする。

しかし、そうしなくても、いや、そうしないほうが、子どもは生き生きと自分の力を発揮して、自分で幸せになっていく。それが、心理学の知識や、自分自身の子育ての経験、そして長年行ってきたカウンセリングを通して、私が実感するようになったことである。

子どもは一人ひとりが、自分を幸せにしようとする、いわば本能のような強い力をもって生まれてきている。そのことをこころに留めて子どもに接すると、子どもの成長を邪魔することを避けることができる。また、子どもを見守る力が親に育つ。不思議なことだが、わが子の強さを信じて子どもを見守ることができるようになるにつれて、親は自分自身を受け入れられるようになってくる。親が自分自身を認め、許し、愛することができるようになるのである。

さらに、とても単純で大切なことがある。それは、子育ての時間、家族としての暮らしを、親も子も楽しむということ。子どもと過ごす時間は、目的であって手段ではないはずだ。どうやって子どもを「よりよく」導くかとか、どうやって勉強ができる子に育てるかとか、有名校に合格させるにはどうしたらいいかなどと、親は悩まなくてもよいのである。それよりも、どうやって子どもを笑わせようか、何をして一緒に楽しもうかと、そちらにだけ集中して、楽に過ごしても、結果は（「結果」という言葉の意味するところも、実はとても広く深いものだが）変わらない。それどころか、そのほうが親も子も幸せになれる可能性がずっと高い。

子育てがつらくなってしまっている人や、いろいろな不安をもっている人に、私は日々出会っている。そのような人は、「親は子どもを笑わせるだけでいいのですよ」などと言われたところで、まったく納得しないだろう。親が導いたり助けたりしなければ子どもは競争に負けてしまうのではないか、得るはずだった幸せを得られないまま人生を過ごすことになるのではないかなどと、多くの親は心配する。そのような方にこそ、この本を読んでいただきたい。

私の経歴を簡単に記しておく。医学部を卒業し医師となった後、文学部の大学院に進んだ。記憶や言語などに関する認知心理学の研究をし、脳の働きについての研究論文や本を書いた。三〇代前半で、ある大学の心理学部の教員になった。そこでカウンセリングに出会い、臨床心理士の資格をとった。この間も並行して地域の診療所で医師として働いていた。四〇代半ばで研究を離れ、大学勤務をやめて、診療所での臨床に専念する道を選んだ。五〇代半ばとなった現在、家庭医療の傍ら、子育ての問題で悩む親へのカウンセリングを続けている。

心理学の研究をしていた大学院生のときに結婚し、長男が生まれた。四人の男の子を、同じく医師である妻と二人で育ててきた。私たち夫婦はいずれも実家が遠方で、親の支援を仰ぐことは難しかった。そのため子育ては大変だったが、とても楽しかった。そのことが、臨床心理学やカウンセリングに自分の関心が移っていった一番の理由である。

本書のタイトル『去られるためにそこにいる』は、心理学者エルナ・ファーマンの論文“Mothers have to be there to be left”（母親は子どもに去られるためにそこにいなければならない）からとっている。この論文に書かれていることは、親面接で、自分の子育てで、私がずっと感じてきたことにとてもよく合う。親が導こうとしなくても、子どもは自分のもっている力によって親離れしていく。それどころか、子どもが本来もっている自立しようとする力が親の子離れをも助ける、と書かれている。

論文の冒頭では、著者エルナがこの言葉に初めて出会ったときのエピソードが紹介されている。彼女はオーストリア生まれ（ファーマンはアメリカに移ってから結婚した夫の姓である)。一二歳のとき、ナチスの迫害を逃れて家族でチェコに移り住んだ。第二次世界大戦が始まり、エルナたちはユダヤ人キャンプに収容される。そこで母や兄は亡くなった。戦争が終わり、エルナはチェコを訪れた精神分析家アンナ・フロイトと出会う。そしてロンドンに移り、アンナのもとで指導を受けた。時が経ち、エルナは新しい場所に移る決心をして、そのことを師匠に伝えにいく。

その場面で、愛する弟子に去られることになったアンナが、おそらく痛むこころに耐えながら発したのが、「母親は子どもに去られるためにそこにいなければならない」であった。論文のなかで、アンナは、ただ静かに"A mother's job is to be there to be left"とだけ言ったと書かれている。

送り出す側が、去られることになっても揺るがずどっしりとしていること、必要なときはいつでも温かく手を差しのべる用意があると伝えること。それこそが、親から去ろうとしている子どもを何よりも励ます。アンナはその教えを弟子への最後の贈り物にしたのだ。この言葉は、エルナをずっと支えたことだろう。

大切な人との出会いや別れ、そしていま現在の関係について、そのかけがえのなさに気づくこと。この本がそのきっかけに少しでもなれば、書いた甲斐があったと嬉しく思います。

去られるためにそこにいる＊目次

症例に関する記載については、プライバシーに配慮して固有名詞を避け、内容に一部変更を加えている。また可能な限り本人や家族の承諾を得るようにこころがけた。

I 「症状」「問題」をもつ力

1　お化けに会いたい

母親と女の子

カウンセリングにかかわり始めた頃のこと。

それ以前には、私の仕事は病院での外来診察だった。診察して必要なら検査をする、その人の困っている症状は何という病気によるものかを考えて、それに合った薬を処方したり、生活へのアドバイスをしたりする。症状をどうやって取り除いたらいいのか、そういうことだけをやってきていた。

あるとき、中学一年生の女の子が母親と一緒にやってきた。面接では、ほとんど母親が話し、女の子は黙っていた。

娘が髪の毛を抜くクセが治らずに困っている、と母親は言った。以前から時々あったのだが、このところひどくなっているという。女の子は母親よりも背が高く、ほっそりとしている。そう言われてみれば、髪の毛の量が少ないような気もする。

「こんなになっているんですよ」と、母親は女の子の髪の毛に無造作に触れる。耳の上や額の生え際に毛のない部分がある。垂らしている髪を持ち上げなければ、その部分はわからない。

「かつらを買おうかと言ってるんですが、いらないと言うんです」「バスケットをしているときなんか、禿げているところがむき出しになってるんですよ！　それでもあんまり気にしてないみたいです」など、母親はかなり気になっているようだった。対照的に、本人は淡々としているのが印象に残った。

勉強部屋の机の上や洗面台に、髪の毛がたまって落ちていることがあると母親は言う。前にも別のところにカウンセリングに通っていた。抜きにくいようにヘアピンをたくさん使って髪を留めるとか、無意識に抜いてしまわないよう指に絆創膏を貼る、抜きたくなったら手をグーにしてしばらく我慢する、など、本やネットに出ているようなことはいろいろ試してきた。でも、どれもうまくいかなかった。

カウンセリングが始まって、何度か親子に会った。毎回、いつ髪を抜きましたか、どんなとき抜きたくなりますか、我慢できたのはどんなときでしたか、のような私の質問に女の子が淡々と答え、母親が補足していく、という流れだった。女の子の下には、少し歳が離れて就学前の妹がいる。育児は大変なのに、夫は協力してくれないし……と母親は愚痴を言う。自分がいかに忙しいかを母親が語って、面接は終わるのであった。

髪の毛を抜くことの意味

この頃、私には、カウンセリングの指導をしていただいている先生がいた。その先生に、このケースについて相談してみることにした。

「抜毛症の女の子なんですが、どうやったら髪を抜かなくなるんでしょうか?」と、そういうふうに尋ねた。この質問の仕方が私の問題を明らかに示していると、今から振り返れば思う。

これに対する先生の言葉は、かなり衝撃的だった。

「あなたはその子が髪の毛を抜くことを、悪いことだと思ってるの? それとも、いいことだと思ってるの?」

混乱しつつも私は、「じゃあ、いいことなんですか?」と聞き返した。

「もしかしたら、その子がこれまでにやったことのなかで、自分にとって一番大切なことかもしれない。それぐらいに思って会ったほうがいい」と、先生は話された。

それから、私なりに考えた。

「髪を抜くのは悪いことだからやめさせよう」、それが私の思いだった。おそらく母親の思いも同じだったろう。

もし、悪いことではないとして、いや、大切なことだとしても、どんどんやらせろというのが、先生の考えではないのだろう。

「悪いことだから、やめさせよう」と思って子どもに向き合うのと、「この子にとっては、何か大切な意味があることなのかもしれない」と思って向き合うのとでは大きな違いがあるということを、先生は伝えてくれたのだと私は理解した。

子どもの行動やその奥にある思いを否定してかかれば、「この人は自分の味方じゃない」ということはすぐに伝わってしまうだろう。それでカウンセリングがうまくいくわけはない。痛々しい行動ではあるけれど、この子の必死の自己表現なんだ、SOSなんだ、そう大切に思って向き合わねばなるまいと思った。

初めての「悪いこと」

先生からアドバイスを受けた後、面接の雰囲気が変わった。髪の毛を抜いたかどうか、私はもう尋ねなくなった。髪の毛の話題は出なくなった。

相変わらず、おもに話すのは母親だった。女の子はずっとしっかり者で、妹の世話も自分から進んでしてくれている。昨年あたりから学校で、一部の女子から悪口を言われることがあったという。母親はそのことをクラスメートの親から知らされた。担任の先生にも相談した。本人は「全然平気！」と明るい返事だったので、母親もそれ以上気にしていなかった。昨年から父親の仕事が変わって出張が多くなった。その頃から母親は不眠症状に悩むようになり、しばらく心療内科にかかっていたことがあったらしい。

母親の話している間、女の子はほとんど無表情だった。私はその子が過ごした時間や気持ちを想像した。自分も甘えたいけれど、妹の世話や家事に忙しい母を助けるために、いい子になるしかなかったのだろうか。身長もお母さんと同じぐらいになってきて、もう抱っこはしてもらえなくなってしまったなぁ。妹はお母さんと眠るけれど、自分は一人で眠る、淋しいなぁ。「しんどい」とか「つらい」と私が言うと、お母さんは心配するだろうなぁ。

優等生で、しっかり者のお姉ちゃん。そんな彼女がおそらく初めてやった、親が喜ばない行動、親を心配させる行動が、抜毛だったのだろう。髪の毛を抜くときの痛みには、お母さんを喜ばせることができない「悪い子」である自分を罰する意味もあるのかもしれない。

これまで彼女が抑え込んできた部分、甘えたい、自分に関心を向けてほしい、正直で、弱くて、助けを求める部分。それが、「髪の毛を抜く」という痛々しい方法で姿を現したのだとしたら。

そのせっかくの行動を、「悪いこと」だから「やめさせる」と決めつけて取り組むのがカウンセラーの仕事であるわけがなかった。

やがて、面接には母親だけが来るようになった。女の子は、それまでやっていた家事をあまりしてくれなくなった。洗濯物は畳んでくれなくなった。同居している祖母に口答えをし、ときに言い争いをするようになった。

そして母親に、「一緒に寝てほしい」と頼んできた。「私よりもからだが大きくなっているのに」と母親は言いながらも、それほど嫌そうには見えなかった。母親のおっぱいを触りながら眠る日が続いた。髪の毛を抜いているかどうかは、ほとんど話されなくなった。

二ヵ月ほどして、母親が「もう治りましたので、今日で終わりにします」と言って、カウンセリングは終了した。何が治ったのか、私にはわからないままだった。

「お化け」の部分を出す勇気

この話を思い出したのは、久しぶりに『となりのトトロ』を子どもと一緒に観たからだった。

映画のはじめのほうで、引っ越しが終わって、サツキとメイの姉妹が、入院している母親のお見舞いに行く。久しぶりに会ったお母さんに妹のメイが飛びつく。姉のサツキは少し離れて立っている。

実は、引っ越した古い家にはお化けがいる（まっくろくろすけ）。そのことを知ったら、お母さんは怖がって新しい家に来てくれないのではないか、とメイは心配していた。しかしメイに「お母さん、お化け屋敷スキ？」と聞かれた母親は即答するのである。

「もちろん！　早く退院して、お化けに会いたいわ」

そして、母親は「おいで」とサツキを呼び寄せ、髪の毛に触れながら、妹の世話を頑張ってくれている姉をねぎらう。

母と娘、髪の毛。この場面から、あの母と子のケースを思い出したのかもしれない。

母親の、「お化けに会いたいわ」という言葉が大切だと思う。自分の本当の思いをぶつけたら、お母さんは困るのではないか。自分のことを嫌いになるのではないか。子どもが自分の「お化け」の部分を出すのには、大変な勇気がいる。そんなとき、「お化けに会いたい」という母親のきっぱりとした言葉は、子どもを強く支えることだろう。「私はどんなあなたでも大好きよ」という宣言なのだから。

カウンセラーにとっても、クライエントがいつか自分にだけ見せてくれるかもしれない「お化け」との出会いは、待ち遠しいものであるはずだ。

2 ちょっとひと休み
――病気や問題行動のメッセージ

週末だけ風邪をひく

全然風邪をひかない人もいるが、しょっちゅう風邪をひいている人もいる。よく風邪をひく人のなかには、休日だけ風邪をひくというパターンを繰り返している人がいる。週末になると熱や咳などの症状が出て、土日は薬を飲んで寝て過ごす。月曜には治って出勤できる。そのまま平日はなんとか体調が保たれるが、金曜の夕方頃からまた頭が痛くなってくる。そんなパターンを繰り返す。

これはおそらく自律神経のバランスと関係している。緊張が強いと、交感神経が優位となっている。炎症は抑えられ、熱は出ない。疲れや空腹も感じにくい。ところが、リラックスして副交感神経の働きが高まってくると、休息してからだを整えるために、疲労を感じて（感じることができるようになって）、動きたくなくなる。安静にしてエネルギーの消費を抑えつつ、傷んだ部分を修復したり、侵入した外敵をやっつける免疫機能が活躍する。休養がとれなかった平日には抑えられていた炎症が起こって、風邪の症状が出てくる。

妙な言い回しになるが、からだは、自分のなかにいる動物のようなもの。言葉も通じないし、生活や仕事の状況などくわしいことはわからないが、「今が休めるときかどうか」については、しっかり感じているようである。休めないときには緊張を保ってくれるが、緊張を解いてもよさそうだと感じると、熱などの症状を出して、活動を抑える。先の例であれば、一週間の疲れを休日に取り戻そうとしているのだろう。病気のほうでも、「今はリラックスしてもいいようなので、外に出させてもらいますよ」という感じであろうか。

病気がタオルを投げ込んでくれる

六〇代後半のAさんは税理士をしている。糖尿病や高血圧で通院されている。毎年一月から二月は確定申告でとても忙しい。昨年は風邪がなかなか治らず、肺炎になりかかり、点滴を受けに通った。

「もう歳だし、からだがもたない。仕事は辞めるつもりです」と毎回のように話されるのだが、明るくて感じのいいAさんは仕事でも信頼が厚いとみえて、顧客や取引先から引きとめられ仕事を続けている。

一月後半のある日、体調不良で受診されたAさんを診察しようとシャツを持ち上げると、右側の胸から背中に水疱がポツポツとある。帯状疱疹であった。数日前からピリピリ痛かった、こたつでウトウトしたときに低温火傷をしたと思っていた、という。また、靴が履けないほどに両足がむくんでいた。

帯状疱疹は、子どもの頃にかかった水ぼうそうのウイルスが原因である。ウイルスは神経の奥深くに潜んでいる。過労や加齢などのため免疫力が低下することが、発症の原因の一つであると考えられている。

皮膚のピリピリした痛みのために、仕事に集中できない。忙しいのに診察にも来ないといけないし……とAさんは困っていた。しかし、帯状疱疹や足のむくみなど、他人が見てもわかる症状が出てくれたおかげで、結果的に休息をとることができた。休んでみて初めて、実は自分はかなり疲れていた、いや、ほとんど限界であったとAさんは気づくことができた。

現れてくる症状は、いわばブレーカーのようなもの。ブレーカーが落ちてくれることで、より大きなダメージを回避することができる。帯状疱疹や足のむくみなどが出てくれたおかげで、大病になる前にからだを休めることができた。もしここで休まずに、いや「休めず」に、もっと頑張り続けていたら、たとえば心筋梗塞や脳血管障害など、はるかに深刻な病気を発症していたかもしれない。

「病気になるタイミング」という意味ではどうだろうか。週末ごとに風邪をひく例とは違い、Aさんの場合、病気になっては困る時期に症状が出た。実際にAさんは、仕事をほかの人に代わってもらって何度も受診しなければならなかった。仕事のうえでは困る状況になったが、しかし、それは大きな災難を避けることにつながった可能性が高い。

がんが見つからないと休めない

このような例も紹介しておこう。Sさんは、大きな会社で責任ある立場にある人である。数年前、経営上の深刻な問題があり眠れない日が続いた。食欲が落ち、体重も減っていった。心配した家族が病院受診を勧めて、胃カメラ検査を受けた。

「自分のからだなのに、他人のからだを調べてもらっているような不思議な気分でした」と、Sさんは振り返って言った。「胃カメラを操作している医師が、画面を見せながら説明してくれました。異常はないとのことでした。そのとき、ふと残念に思ったんです。もしはっきりしたがんが見つかっていたら、自分は解放してもらえたのにな。少しゆっくりできたのにな、と」。

ここでようやく、彼は自分の考え方が普通ではなくなってしまっていることに気がついた。がんは命にかかわる病気である。そこまでいかなければ休むことも逃れることもできないと思い込んでいる。追い詰められている。「がんが見つかってほしい」という願いは、もうほとんど希死念慮に近いといえるだろう。

そこから、Sさんはみずから精神科を受診し、ようやくこころの手当てを始めることができた。今は立ち直って元気に過ごしているが、あの時点は、たとえば自殺など命の危険すらある、ぎりぎりのタイミングであったと思われる。彼の場合は、食欲不振による体重減少を、周囲の人がSOSとして受け止めてくれたのである。

子どもの問題は「困ったこと」？

上の例のように、心身的にしんどい状況が続いたとき、からだがSOSを発して、意識にそのメッセージが届き、それによって苦しい生き方が修正されることがある。ときには命が救われるような場合もある。

こころの問題でも同じようなことがしばしば経験される。すなわち、何かの問題が生じ、そのことに対処がなされ始める。結果として、その問題が解決されるだけでなく、より大きな問題の発生が未然に防がれたり、隠れていた問題が解決に向かったりするのである。

ここからは、子どもの「問題」について考えてみたい。「問題」とカッコつきで書いたのは、子どもの「問題」の多くは困ったことというよりも、望ましいものと考えられるべきだからである。

子どもの問題行動に関して、スクールカウンセラーのかしまえりこ氏は著書のなかで次のように述べている[※1]。

問題行動と呼ばれる行動はすべて、いのちを阻害するものに対する、その子なりのコーピング（対処）の試みである。［…］親、教師、スクールカウンセラーなどの援助者にまずできることは、コーピングの努力をメッセージとして受け取ることであり、「受け取った」と伝え返すことである。［…］コーピングの努力として理解されただけで、問題行動に駆り立てた阻害要因の姿が子ども自身や周囲の大人たちの目に、おぼろげに浮かび上がってくることがある。

子どもの「問題」をある程度時間が経ってから振り返ってみると、それが子どもや家族の人生にとって、重要な方向転換のきっかけであったことに気づかされる。その時点で「問題」がもっていた意味や果たした役割が、後からわかる。混乱のさなかにあってはわからなかった価値に気づく。目の前で起こっている「問題」を困ったことと捉え、すぐに片づけてしまおうとするのではなく、「何か大切な意味があるかもしれない」という思いをもって向き合う姿勢はとても大切である。これはいくら強調してもしすぎることはないほどだと考えている。

子どもの「問題」に向き合うときに、いつも「稲むらの火」の話がイメージとして浮かぶ。押し寄せる津波を知らせてみなの命を守るために、火は稲束に放たれたのである。それなのに、ただ早くその火を消そうと動いてしまっては、何をしているかわからない。放たれた火（子どもの問題行動）が、知らせるものは何か。救おうとしているものは何なのか。表面的な「問題」だけをとにかく解決してしまおうとする姿勢は戒められるべきである。

不登校のもつ前向きな意味

不登校を例にとってみよう。子どもが「学校に行かない」と言い出せば、親がおおいに動揺するのは仕方のないことである。多くの場合、親は子どもが登校するように働きかけるであろう。しかし、少し落ち着いて考えてみれば、ほかのみんなと違うことをするのは、子どもにとってとても勇気のいることだ。みんなが通っている学校に自分だけが行かないという決断は大変なものである。どの子も、学校に行くことは自分にとって大切だと、親と同じように、いや親以上によくわかっているのだから。

しばしば出会うのは、子どもが自分の生き方を修正しようともがいているような不登校である。友人関係、なんとなく設定された目標、時間への向き合い方、自分をとりまくものの全部が、どうもしっくりこないと感じるようになってくる。そのような苦しみのなかにいる子どもは、はっきりと意識していないかもしれないが、「やり直すなら早いほうがいい」ということがわかっているかのようだ。いわゆる「キャラを変える」ような取り組みもこれにあたるだろう。

ゲームばかりしているとか、夜なかなか寝ないから朝起きられないなど、休んで家にいる子どもの生活の表面的な「問題」ばかりが親には見えてしまうものである。このとき、「これは何か大切なSOSなのかもしれない」という思いをもつことができれば、それは子どもだけでなく、親自身をも救う。イライラして、子どもにつらく接してしまうことは気分的にもしんどい。「悪いことが起こっている」と思うことはストレスになる。子どもだって、大事な立て直しの時間を邪魔されてしまうことになる。もったいない。

反対に、無駄に見えるこの時間は、この子にとって大切な時間なのだ、とても意味のある時間なのだと思うことができれば、親の気持ちは少し楽になる。楽になったことで生まれる親の余裕は、子どもにも伝わって気持ちを楽にするだろう。

先生や親が励ましてくれるように、ちょっと頑張れば、なんとかやっていけそうにも思える。でも、そうしていたら、いつまでたってもしんどいままではないか。子どもはたとえば、そんなふうに考えているようである。そういうしんどい未来しかイメージできなかったら、学校に行こうとする気持ち、からだを動かすエネルギーがなくなってくるのは当然である。学校に行きながら、友だちとの関係を保ちながら、器用に軌道修正ができる子もいるのだろう。しかし、安全な場所にしばらく立てこもって、自分を作り直すことが必要な子もいるだろう。

今の段階で不登校という形で生き方の軌道修正に取り組むことは、将来起こりうるより大きな問題（うつ病や自殺などまで含めて）を予防することにつながる。たとえば、困難への適応的な対処方法を習得できる。行き詰まったときには休んでいい、周囲の人に話を聞いてもらったり支援してもらって状況を改善させられる、そう学ぶことができる。

無理やり言うことを聞かせたり、おだてたりほめたりして「登校させてしまう」ことは

（これとて悪いばかりでないのはもちろんであるが）、子どもがやっとの思いで発したSOSを見逃すことになりかねない。

以下に簡単に紹介する二つのケースは、いずれも不登校がきっかけで子どもや家族が救われた。

ケース1

学校に行き渋るようになった小学二年生の男の子。よく話を聴いていくと、学習障害があることがわかった。視覚認知に問題があり、たとえば「し」「つ」「へ」などの見分けがつきにくかった。字が汚いことや読み間違いが多いことを、先生から注意されたり友だちにからかわれたりした。親からもテストの点が悪いことで小言を言われてきた。

それに対して、教科書の文を丸暗記し、段落の最初の字だけを順番に覚えるなど、大変な苦労をして頑張ってやってきていた。なぜか自分だけがうまく読めないし書けない。自分はどこかおかしいと、本人もわかりつつあった。しかしどうすることもできなかった。

事情がわかって、母親が「今まで気づいてあげられなくてごめんね」と言ったとき、男の子は大声で泣き出し、しばらくずっと泣いていたという。それは悔し涙でもあり、嬉し涙でもあったろう。彼は喜んで療育に通うようになった。

ケース2

小学五年生の女の子。親が話を聴いても、学校に行かない理由がわからなかった。友だちはいる、勉強も嫌いではない、先生もやさしい。母親の話によれば、二年ほど前から父親はうつで治療を受けていたが、数ヵ月前から少しずつリハビリ勤務を始めている、ようやく家のなかが少し明るくなってきた、とのことだった。

家族の危機に際して、子どもは親や自分たちを守ろうと頑張る。母親が必死で頑張ったように、この女の子もまた頑張ったであろう。やっと危機が乗り切れそうだと感じて、少し力が抜けたのだろうか。

なぜ自分が学校に行けないのか、本人もわからないようだった。疲れて傷ついた自分のこころに手当てをしてもいい、まず自分を大事にしてもいいと知ることは、この先の人生でとても大切な経験になる。それは、勤勉で責任感が強いけれど、自分をいたわる力は不足していたであろう父親にも必要な姿勢である。また、母親は夫のことで自分を責め続けていたが、娘の問題をきっかけにカウンセリングに通い、自分の悩みや苦しみを聴いてもらうことができた。今回の家族の危機に際して、自分も深く傷ついていたこと、そしてそれを乗り越えてよく頑張ったことを、自分で認めることができた。

「問題」の意味は何だろう

病気になり、本人の意図せぬ形で生活の軌道修正がなされ、結果的により大きな病気や苦しみから救われる場合がある。こころの問題も、同じような役割を果たしていると考えられる。

たとえば子どもの「問題」が本人や家族に困難な状況をもたらしているときに、実は「問題」という形で何か大切なメッセージが発信されているのかもしれない。そういう見方をいつも失わずに「問題」やそれをとりまく全体の構図に向き合うことは、とても大切なことである。

※1……かしまえりこ、神田橋條治『スクールカウンセリング モデル一〇〇例』創元社、二〇〇六年

3　SOSを出す方向

明日から新学期

長い夏休みが終わって、明日から学校が始まるという日の夜。大人と同じように、子どものストレスもなかなかのものである。宿題のプリントがなくなったとか、持っていかねばならないものが見当たらないと言って騒ぎ始めるのは、多くの家庭でみられる光景であろう。子どもが自分一人で探し物をするだけではなく、親も巻き込まれることが多い。

思い返してみれば、私も何度となく子どもと一緒に、束ねた古紙をほどいて新聞や雑誌の山からプリントを探した。夜遅くまで開いているお店に、模造紙やら墨汁やらを買いに車で出かけた。「なんでもっと早くに準備しとかんのや！」と親は怒り、子どもは半泣きである。見当たらないと言っていたプリントは実はカバンのなかにあった、などということもよくあった。

SOSの三つのタイプ

このように「困った！」と騒いで家族も一緒に混乱するような、休み明け直前の独特の時間。これはある意味で、子どもが不安を行動で表現しているということもできるだろう。親も巻き込まれての混乱、家のなかのドタバタした状態は、子どもの不安なこころそのものである。

子どもはつらかったり不安だったりして、泣きたい気持ちなのだろう。自分だけで泣くのは難しくても、親を巻き込んで叱られるように仕向ければ、泣くことができる。

親を巻き込んで不安を表現するのとは別のタイプの子もいる。頭が痛くなったり、お腹が痛くなったり。いつもはしないような不注意な行動をして（たとえば、自転車の手離し運転とか）怪我をしたり、雨に濡れたのになかなか着替えずに熱を出したりする。

このような子どもは、不安やしんどさをからだで表現するタイプかもしれない。もともと喘息がある子だったら発作が出たり、アトピー性皮膚炎の子であれば症状が悪化したりする。私自身は過敏性腸症候群があって、休み明けはいつも下痢をしていた。いわゆる心身症といわれる病気は、その症状がこころの状態によって影響を受けやすいのが特徴であ

図1

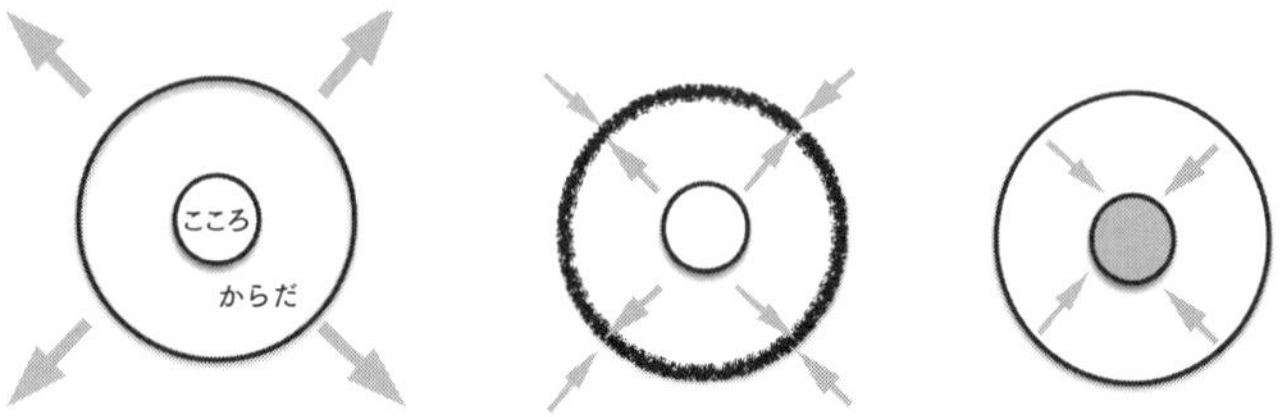

1 外に向かう　2 からだに向かう　3 内側に向かう

る。

いずれにせよ、身体的な症状は外から見てわかる（ことが多い）ために、結果的に親は子どもに関心を向ける。看病したり、病院に連れていく。子どもはなんらかのケアを受け、間接的な形で、親にいたわってもらうことができる。

他方、行動でSOSを出して親を巻き込むこともなく、からだの症状を出して親に関心を向けてもらうこともない、というタイプの子どももいる。平気を装う、大丈夫であることをアピールするような子である。弱音を吐くことが許されてこなかったとか、親のほうがしんどい状態にあるので甘えることは初めから無理な状況だったなど、理由はいろいろ考えられる。そのような子どもでは、しんどさや不安は内側に向かう。気分が沈んだり、食欲がなくなったり、眠れなくなったりする。大人でいう抑うつの状態である。

上に挙げた三つのタイプは、それぞれ「問題」の表れる方向が異なっている（図1）。

私がカウンセリングで会うのは、子どもの「問題」の相談に来た親である。語られる子どもの様子を聴きながら、「問題」の表れている方向を、私は意識の隅に置いている。その「問題」が、①周囲の人に向けられているのか、②自分のからだで表されているのか、③内にこもっているか。おおまかにこの三つに分けて、私は考えることにしている。そうすることで、話を聴いているときに自分の立つ位置が安定する感じがする。また、見通しが得やすくなったり、相談が進むうちに起こってくる変化に気づきやすくなるなどの利点がある。

「問題」の方向その① ―― 周囲の人を巻き込んで表現する

ストレスを感じる状況で、不安やしんどさが行動で表されるタイプ。その子の周囲の混乱した状況は、こころのなかの混乱が外側に表されているかのようだ。それを自分だけで感じること、受け止めることを、（意識的にではなく）拒否しているといえる。

わが家の犬は、自分が出かけたいときに家族に置いていかれると、何かを噛んでぐちゃぐちゃにする。そうやって自分のつらさを表現（発散？）しているのだと思う。帰宅した私が、噛み砕かれた鉛筆や洗濯バサミなどを手に持って彼女に見せると、目を伏せながらヘコヘコと後ずさりする。「私にこんなことをさせたのは、あなたたちじゃあないですか……」と言っているように感じる。

家庭の問題、たとえば親の失業や両親の夫婦喧嘩などで不安を感じている子どもが、学校で荒れることがある。教師に反抗したり、友だちをいじめたりする。苦しいこころのうちを、信頼できる場所で訴えているのであろう。家でも学校でもないところで、たとえば万引きなどの非行に走る場合は、家も学校もあまり信頼できていないのかもしれない。警察や社会は自分を守るもの、自分に関心を向ける義務があるはずだ、というような思いが(子ども自身は気づいていないだろうけれど)あるのだろうか。

ある家族が、父親の勤務の関係で外国で暮らしていた。息子が日本の高校に進学することになり、一人で日本に戻って学校の寮で生活を始めた。まもなく彼は喫煙により停学になり、その後も停学処分を受けることが繰り返された。「淋しい」とか「つらい」と言うかわりにタバコを吸って、関心を向けてもらっていたのかもしれない。親や教師など周囲の大人は、それまで優等生だった彼が、なぜそういう行動を繰り返すのか理解できなかった。大人は巻き込まれて叱ったり悩んだり混乱したりしたが、本人はどこか淡々としていた。おそらく、問題をこころの内側で受け止めるのを拒否していたために、周囲からは落ち着いているように見えたのであろう。

喫煙や万引きなどの非行とは逆の、過剰に優等生的な振る舞いや、ルールを守らないクラスメートに対する極端な不寛容などにも同じ意味がある。いずれも、周囲に波風を立てて、外の世界をかき乱す。その混乱した状況は、本人の苦しいこころの内側を表現している。周囲に混乱が起こることで、自分のなかにある向き合いたくないもの（不安や淋しさなど）から気をそらすことができる。

前向きに考えれば、このような表現をする子どもは外交的だといえるだろう。家族を含めて、ほかの人との関係を求めている。そう思いながら子どもの混乱や巻き込みに付き合っていくこともできる。

このような子どもに対しては、表面的な問題行動に囚われすぎないことが大切である。親や周囲の大人は、「その子が何をしたか」よりも、「どう感じているのか」という部分に焦点を当てて、共感的に接していくことで、いわば未開の領域であったその子の内面が育っていくきっかけとなる。

「淋しかったんだね」とか「しんどかっただろうね」などと気持ちに焦点を当てながらかかわっていくことで、行動化ばかりしていた子どもの振る舞いが変わってくる。面接でそのような変化が起こることを前もって予告しておいて、その変化を見逃さないように気をつけるのも、一つの方法だろう。

「問題」の方向その②——自分のからだや自分のものを媒介にする

このタイプは、人に迷惑をかけまいとする、自分でなんとかしようとする子どもに多いようである。①の外に向かうタイプと比べると、周囲の人ではなく自分のからだや持ち物を使うところが奥ゆかしい、遠慮がちな感じがする。

やはり「しんどい」とか「嫌だ」とか「つらい」と口にすることができない。自分のしんどさに気がついていない場合もあるだろう。そのような状況で、言葉で伝えるかわりにからだや症状を媒介にしてメッセージを送っている。

繰り返しになるが、病気や症状は外から見てわかる場合が多いので、言葉でSOSを出せなくても、親や周囲の人に関心を向けてもらえる。チックや爪噛み、髪の毛を抜く、かさぶたをはがす、そのようにして自分のからだが傷つくことで、苦しい状況が表現される。そしてそれが親や周囲の大人に伝わる。

リストカットをしたり、髪を染めたり制服をいじったりする（先生に向けた発信だろうか）。服を汚す、定期券を落とす、持ち物をなくす、自転車がしょっちゅう壊れる、などなど。広い意味で自傷行為とも捉えられよう。

これらが回りくどいSOSの表現だとすれば、親や教師がかける言葉が、「なんでそんなことするの！」と詰問する調子だと悲しい。こういう場合は、尾木直樹さんがよく勧めておられる「どうしたの？」がぴったりの声かけだと思う。

上のような例は自分でからだを傷つけているが、もっとしんどくなってくると、自分で行うのではなく、「症状」になってくるようである。幼い子によくみられる自家中毒（繰り返す嘔吐）などはこの典型かもしれない。弟や妹が生まれて上の子がおねしょをするようになる、朝起きられない（起きないのではない）、食欲がない（食べないのではない）、眠れない（寝ないのではない）、アトピー性皮膚炎の症状の悪化（自分で掻いているが、かゆみが強くなっているのは自分でコントロールしていることではない）、喘息発作や過敏性腸症候群などである。

講演でこうした話をすると、必ず次のような質問が出される。「喘息やアトピーも、すべて気持ちの問題だというのですか！　うちの子は蕎麦やダニのアレルギーがあります。主治医の先生からは、アトピーの原因はアレルギーだと言われてるんですが」と。からだの病気であればどこか安心するが、こころの問題だと言われると心配になるという親は多い。ちょうど、内科にはかかりやすいが、精神科にはかかりにくいのと同じ心境であろうか。

喘息、アトピー性皮膚炎、過敏性腸症候群、起立性低血圧など、いずれも、実際にからだの症状が出ているので、物質的な異常が起こっていることはたしかである。たとえば喘息であれば、呼吸機能検査をすれば特徴的な異常が観察される。吸入ステロイドなどの治療はとても効果的で安全であり、当然きちんと続けるべきである。

ここで私が言いたいのは、これらの、いわゆる心身症といわれる病気の特徴として、その症状の出現や悪化・改善にはこころの状態が大きく影響するということである。すべてが気持ちの問題と言っているわけではもちろんなく、ストレスが大きい状況が続くと悪化しやすいなど、気持ちが症状に影響するという意味に捉えてもらいたい。

からだの症状が出てくると、これはもう子どもが自分の意志でやっていることではないので、親も叱るわけにはいかない。症状が出ることにより本人も苦しむのだが、そのために親は子どもに対して、より多くの関心を向けるようになる。

からだの怪我や病気ではなく、ものが身代わりの役目を果たすこともある。持ち物がなくなったり、壊れたりする。わが家の末っ子が小学校高学年の頃、学校から帰ってくるたびに、帽子が破れていたり、消しゴムがバラバラになっていたり、下敷きが折れていたりと、何かが壊れていることが続いたことがあった。「もしかして、いじめられてるの?」と聞いても、「違う、自分でやった」と言う。「ものを大事にせんとあかんよ」と注意するぐらいで様子を見ていたら、今度は顔や手足に赤マジックで派手に落書きをして帰ってきた。担任の先生から電話があった。「マジックで自分で落書きしていたので注意しました。でもこの頃、前のように教室で騒いだり、友だちをからかうのは減ってきました。ちょっと落ち着いてきています」とのことだった。

彼の不安が何であったかはわからない。本人だってわかっていたかどうか不明である。しかし、何かストレスを感じていて、それを外に向かって表現していた（騒いだり、友だちをいじめたり）のが、次第に抑えられるようになって、自分の持ち物やからだに向かっていったのだろう。赤マジックで手足に生々しく書かれた模様は、リストカットの代用のようだと見た瞬間に思った。壊されたり傷つけられる帽子や文具は、からだの身代わりなのだろう。

これらがSOSの発信であるなら、それをただ抑え込むのではなく、「僕はしんどいんだよ」ということを、こうやって知らせてくれてありがとうと、そういうつもりで向き合うべきだと考えた。それを受けて私たち家族は、家で彼にやさしく接するようにこころがけた。片づけのことや食事のことなどで小言を言わず、彼の好きな献立を続けたりした。次第に、彼の「自傷行為」は減っていった。

このようなからだの症状を使ったコミュニケーションに頼る子どもは、しんどさを言葉で伝えることが苦手なのだろう。ある意味で、弱音を吐かない、もしくは吐けない子でもある。

「弱音を吐く」という言葉には、どこかネガティブなニュアンスがある。耐えることや頑張ることはその逆で、なんとなくいいイメージがある。しかし耐えること、頑張ることをよしとして生きていこうとすると、しんどいときに「しんどい」と表現することを練習する機会は減ってしまう。よくいわれるように、自立するためには、何でも自分でできるようになることよりも、必要なときに他人の支援を求められることのほうがより大切である。

ある知人女性は、自分は甘えるのが苦手だという話をしてくれた。子どもの頃、家族で電車に乗っているときなど、妹はすぐに母親にもたれかかって肩を抱いてもらう。自分はそうすることができなかった。あるときすごくしんどかったので、「とても疲れているから、お母さんにもたれてもいい？」とお願いして肩を抱いてもらった。家に帰って熱を測ったら、三九度あったそうだ。そこまでしんどくならないと、「しんどい」と言えない子どももいるのである。この女性のようなタイプは弱音を吐かず、辛抱強いことで、人生において多くの達成をしてきたであろう。しかし、得たものも多いかもしれないが、失ってきたものもまた多いに違いない。

強い子に育てること、弱音を吐かない子に育てること。その目的は子どもの幸せのためだ。競争に勝ち多くの達成をした人は、外からは幸せそうに見えるかもしれない。しかし本人はどうだろう。自分は幸せだと感じているだろうか。弱音を吐ける、自分を許せる、SOSを発することができる、そういう部分も、幸せに生きていくために子どもが身につけるべきスキルである。親はそれを忘れてはいけない。

「問題」の方向その③——自分のこころの内側にひきこもる

いわゆる内向的な子ども。抑うつの傾向があるタイプにあたると考えられる。このような子は、こころのなかに自分の居場所がある、こもることができる内的世界が育っている子である。

もしも、両親が不仲でいつも言い争いをしているとしたら、それは、子どもにとってはとても悲しく怖いことである。そのような状況にあるとき、子どもは、保育園で友だちに意地悪をしたり（①の外に向かう反応）、自分で腕をかきむしって傷をつくったり（②のからだに向かう反応）するかもしれない。しかし、そのような外から見てわかるSOSを発しない子もいる。ただ声が小さくなる、ご飯を残すようになる、笑うことが減るなど、大人の抑うつのような反応をする子たちである。

このような子には、SOSを周囲に出せるような、すなわち、外に向かう力を育てていくようなかかわりが有効な場合が多いだろう。

そのような子がプレイセラピーを受け始めてセラピストとの間に信頼関係ができてくると、たとえば人形を使ったごっこ遊びで攻撃的なシーンを繰り返したり、セラピストにおもちゃをぶつけたり大きな声で脅したりといった、攻撃的な遊びが出てくることがある。これらは、その子が家庭で経験している受け入れがたい現実の表現とも考えられる。言葉で表せなかった経験が、遊びの形で、信頼できる相手に対して表現される。

これは大人のDV被害者のカウンセリングでも経験される。自分が怒鳴られたのと同じ口調で、クライエントは怒鳴る。声は別人のようだ。表情もすさまじい。立ち上がることもある。そうやってクライエントは、自分がどんな目にあったかをセラピストに演じて見せている。受け止められずにこころの入り口で宙ぶらりんだった出来事を演じ、見てもらうことで、受け入れていこうとするクライエントの力なのだろう。

恐怖を感じるほどの攻撃性を子どもから向けられつつ、この恐怖は子どもが両親の喧嘩を見せられたときに感じていたものかもしれないと想像する。そのような想像をもって子どもと向き合うことは、セラピーのなかの修羅場を乗り越える支えになる。

セラピストが感じた気持ちをうまく表現できれば、それは子どもにとって、言葉で気持ちを表すことのモデルになる。たとえばセラピストが「怖い」と伝えて子どもが行動を抑えることがあれば、それはＳＯＳ発信のモデルを示すことになる。

望ましい表現の方向

しんどい状況のなかでその人がどのような反応をするか。周囲に当たり散らすのか、自分のからだを使ってＳＯＳを出すのか、内にこもるのか。すべてが並行して行われていることもあるだろうし、どれか一つの方法ばかりが選ばれていることもあるだろう。

多くの場合に望ましいのは、そして人生を通じてかなり有効なのは、ＳＯＳを言葉で伝えること、信頼できる相手に「自分はしんどい」と言えることだと思う。それは子どもが身につけるとよい、幸せになるためのスキルである。

4 子どもが言うことを聞かない

——反発することのよいところ

「今ならお湯、あったかいよ」……

リビングでテレビをつけたまま、子どもがスマホを見ている。後は彼だけなので「お風呂あいたよ」と声をかけるが、「うん」と適当に答えるだけで動こうとはしない。さっき追い焚きしたから今ならお湯は温かいのに、とか、保温のガス代がもったいないなあ、とか、地球温暖化が進んでしまう、などと、親としては思う。

「今ならお湯、あったかいよ」とつい声をかけるが、「一段落したら行くから」と嫌そうに言われてしまう。家族で生きてるんだから子どもだって節約に協力しないと、とか、環境にやさしい行動をするのも大事なんだよ、などということは、過去に何十回も言ってきた。今また同じことを言っても、ますます嫌な顔をされるばかりである。

家計を節約するのも、地球の資源を大切にするのも大人には当然だが、子どもにとってはそれほど当たり前ではないのだろう。食後にのんびりする、一段落するまでゲームをやる、お風呂に入るのはその後で。そのように時間を過ごすことのほうが、節約や環境よりも大切なようだ。

誰でもみな、いろいろな無駄づかいをしながら生きている。合理的でないことが、ただちに間違えているとはいえまい。自分の考えは正しい。子どもは無知で身勝手で、間違っている。そうかたくなに思い込んでいる親が、子どもの振る舞いに悩む。そういうケースに臨床では日々出会っているが、私も家では似たような状況にある。

思い起こせば自分も子どもの頃、お風呂に入るように言われるのが面倒くさかった。そう言われるたびにイライラした。親にも言い分があったのだと今ではわかるが。入ろうと思っていても、「入れ」と言われると行きたくなくなる。その場の状況からも家の事情からも、そうすべきだとはわかっている。しかし、そうしないのは間違っている、と言われているように感じて、いつもうんざりしていた。そういうことは生活のなかに実にたくさんあったのを思い出す。

そうこうしているうちに、お湯は冷め、いつのまにか子どもはお風呂に行き、「追い焚きをします！」と、湯沸し装置がきっぱりとした声で宣言する。

言うことを聞かないことには、よい面もある

ここでは、「子どもが親の言うことを聞かない」ことの意味を考えてみたい。

要点をまず書いておく。子どもが親の言うことを聞かないことには、よい面もある。「反抗期」という言葉があるように、反抗は自然なものである。しかし子育てのなかでは、今、目の前で起きているやっかいな事態こそが、その自然なこと（成長に伴う自然な子どもの反抗）だと誰かに指摘してもらわないと、気づけない場合が多い。それまで聞き分けがよかった場合はとくに、親は子どもの反発に悩む。これこそが反抗なのだ、そういう視点を親がこころに留めおき、子どもとのやりとりでそれを意識できると、親も子もストレスを減らせる。相手（親）の意に反したことでも「主張できた」「受け止めてもらえた」という体験は、子どもの自己主張の力を育てるだろう。

子どもの反発に悩む親に、そのような視点を伝えて不安を減らすことも、カウンセリングの仕事の一つである。そうして、子どもの反発（実は自立のやり直し）を側方支援する。せっかく生じているよい方向への変化を悪いことだと取り違えて、苦しんでいる親を安心させる。

多くの親が、子どもが（親の思うタイミングで）ご飯を食べない、お風呂に入らない、

歯を磨かない、着替えない、勉強しない、寝ない、起きない……などと訴える。こうして書き並べるとよくわかるが、親が不満をもっている「○○しない」は、いずれも子ども自身にとって大切なこと、生きていくうえで基本的な、やるべきことばかりである。

反発することのよいところ

親のカウンセリングで、子どもが言うことを聞かないことへの不満を一通り聞いた後、こちらから次のように尋ねてみる。

「では、『早く寝なさい』と言っても子どもがなかなか寝ないことの、よいところはどこだと思いますか?」

なかなかご飯を食べない、お風呂に入らない、朝起きない、なども同じことで、もしそこによい面があるとしたらどんなことだと思いますか、と尋ねる。

よくある反応は次のようなものである。

「早く寝かせないことのどこがよいことなんですか! 昼夜逆転になるんじゃないですか⁉ ますます学校に行けなくなりませんか?」

まず、「早く寝かせない」ではなく、「早く寝ない」のである。そして、早く寝ないこと、そのこと自体がよいのではない。これまで親に「寝なさい」と言われて寝ていた子どもが、人から言われるのではなく、寝るか寝ないか、いつ寝るかなどを自分で決めようとしている。それこそが「よいこと」なのだ。昼夜逆転という「外から見える行動や結果」ではなく、子どもの自己決定という「内なるプロセス」に価値がある。

このような反応をする親は、自分の「正しさ」に迷いがない。子どものためを思って言っているのだから、親の言うことを聞くのは当然だ。なぜうちの子はそれができないのか（「できない」のではなく「しない」のだが）、などと自分の正しさを確信している。たとえば不登校の問題で相談に来ている親であれば、学校には絶対行くべきなのに行かない子どもを、どうにかして「正しい」方向に導いてもらいたい、と考えている。その親に対して、「不登校にはどんなよい意味があると思いますか」と尋ねて、考えてもらう。そうすることで、うまくいけば、現在子どもと自分に生じていることには、子どもへのいわば「自治権の移譲」のような面もあるのだと親は意識できるようになる。

たとえば、ずっと親の指示に従って行動してきた、やさしく素直な子。親の不安が強いため、ずっと親に気を遣ってきた子。そのような子は、自分のしたいこと、したくないことを主張するのが苦手である。親に逆らったり、口答えをすることを、呼吸をするように自然にできる子もいる。しかし、ずっと主張をしてこなかった子には、それはとてつもなく高いハードルである。親の思いに逆らって何かを訴えることを、ほとんどしたことがないという子もいる。

生活のほとんどすべてが親の保護のもとにあった時期から、仲間との関係が中心となる時期に入っていくと、自己主張の苦手な子は、集団のなかで居心地が悪くなっていくことが多い。そのような子はときに、一時的に撤退して態勢を立て直すことが必要だと直感して、安全な家にひきこもる（家庭が安全と感じられなければ、ひきこもることすらできない）。そこで、自分のしたいことをし、したくないことはしないという練習をする。さらに「○○がしたい」「○○はやりたくない」と主張する。それも、相手の意思に逆らっているとなおよいだろう。そのような練習をまずは親を相手にして始める。いわば学び損なってきたことの補習を、自分から始めているのである。

「手なんてぜんぜん洗ってない！」

ある中学生の男の子。不登校になり、母親がカウンセリングに通い始めた。母親は子どもに、勉強するようにうるさく小言を言ってきた。塾の宿題も付ききっきりで手伝ったりしていた。

そのようなことをやめて、何でも指示しそうになる自分を意識するよう母親はこころがけた。すると、多くのケースと同じく、子どもが食べない、起きない、着替えない、といったことが起こった（子どもをゆるく育てている家庭では、そもそも問題にならないレベルと私には思われたが）。それでも、子どもはだんだんと元気が出てきた。

再登校した前の日に、子どもが親に言った言葉は鮮烈だった。彼はそれまで、親に逆らうことなんてまったくない、大人しい優等生だった（そのように親には見えていた）。その彼が、母親がふと、食事の前に手を洗ったかと聞いてしまったときに、大きな声で次のように言い返した。

「小さい頃からなあ、毎回毎回、外から帰ったらうがいしろとか、手を洗えとか俺に言ってきたやろ！　そんなことなあ、ほんまはなあ、もう何年もやってないんじゃ！　トイレの後もなあ、手なんてぜんぜん洗ってないんじゃ！」

トイレの後に手を洗わないのは大きな声で自慢することではないけれど、それは置いておこう。自分にとって大切な行動をするかしないか、それを自分で決めるという当然の行為を、彼は親から奪還したのだ。それが私の受けた印象だった。

母親は息子が言ったことを、彼の口真似をしながら初めは深刻そうに話していたが、「手なんてぜんぜん洗ってないんじゃ！」のあたりでは吹き出していた。親として子どもを正しく導かないといけない、という部分と、親の干渉を嫌う自由な子どもの部分とが、母親のなかでもせめぎ合って共存していたのだろう。そして、子どもの援軍、「手なんか洗ってないんじゃや！」という力強い独立宣言を得て、母親のなかの子どもの部分が、親の部分を「ぶっ飛ばした」のだと感じられた。

自分のことを自分で決める力

自分のことを自分で決める、自分のやりたいことをして、やりたくないことはやらない。そういう姿勢は、自分を守るためにとても大切なものである。学校で、仲間のなかで生きのびていくうえで、重要な力となる。

親や先生が与えてくれる「こうしたらいいんだよ」という導きに従っていれば、幼いうちはなんとかなる。しかし、思春期が始まり、大人との関係よりも仲間との関係のほうが重要になってくれば、今までのようにはやっていけない。自分のことを自分で決める、ときには相手の意思に反して主張する、うまく、ときにずるく交渉する、やっかいな状況からたくみに逃れる。そういう力を育て損なった「いい子」「素直な子」、『クレヨンしんちゃん』の風間くんのような子が、仲間との関係でしんどくなってくる。

そのような子が、自分のことを自分で決める力を身につけるために、今の環境からいったん退却する。まずは家のなかで親に立ち向かう。ずっと言われてきた「食べなさい」、そのほか生活の基本的な動作への命令に、ストライキを起こす。やがて口で言えるようになる。「もうわかったよ、うるさいな」「関係ないでしょ！　ほっといて」「まだ食べたくない」「後で入るよ」。そういう反発をぶつける練習を、親を相手に積んでいく。自分の思いを発しても、相手は傷つくわけではないという安心感も大切である。そのためにも、親は痩せがまんでもどっしり受け止めたい（難しいのは重々承知しているけれど）。そして、試行錯誤を繰り返し、子どもはだんだんとタフになっていく。自分が何をするかしないか、自分で決められるようになっていく。

君の行動のための準備のほとんどは親がしているんだよ、ということはこころにしまいつつ、親は子どもが生意気になっていくのを歓迎すべきなのだ。歯が生えたり、歩き出したり、そういうことを喜ぶのと同じ気持ちで。

コラム① やさしい夫

「薬を飲まないといけないでしょうか？」

六〇代の女性Aさんには、二年ほど前からたくさんの症状があった。Aさんはいろいろな病院で診察を受けていた。

診察では、それまでの長い経過を話された。眉間に深いシワが寄っていて、苦しそうな表情だった。ずっと食欲がなく、二年ほどで一五kgも体重が減った。胃や大腸の内視鏡検査、腹部のCT検査などでは異常がなかった。動悸が続いて循環器内科にかかった。もらった薬を飲むと、ドキドキはおさまったが、両手がバタバタ震え始めた。それで神経内科に行ったが、異常はないと言われた、という。

Aさんは以前、人事の部署で働いていたので、調子を崩して勤務できなくなった人をたくさん見てきた。心療内科にかかり、だんだん薬が増えて、結局動けなくなってしまう人が多かった。だから、こころの問題で薬を飲むのが怖いのだと彼女は話した。

「ウツのお薬を飲まないといけないでしょうか？　飲んだほうがいいのでしょうか？」など、「……しないといけないですか？」「……したほうがいいですか？」という言葉が目立つ。

時期は年末であった。お正月に向けてショートステイから姑が帰ってくる。また、子ども二家族が帰省してくるので、寝具の準備、おせち料理の準備などをしている。どれか一つでも大変だと私には思えたのだが、Aさんは「それぐらいしかやることもないのに、疲れて疲れて進まないんです」と話した。

「夫も協力的ですし」

Aさんは働きながら二人の子どもを育て、十数年前からは夫の両親を同居で介護してきた。六年前に早期退職して介護に専念するまでは、遠く離れた職場まで早朝に出かけ、夜遅く帰り、帰るやいなや夜中まで家事をしていたとのこと。舅は亡くなったが、認知症の姑は存命である。

数年前には、夫が姑を施設に「入れてくれた」が、姑は家に帰りたがった。介護の職員に暴言を吐いたり、噛みついたり、引っかいたり。最後は退去するように言われてしまった。姑を連れて帰るときに、「もうどこにも頼れない」と覚悟した。

家に戻った姑からは、しばらく暴言や暴力を受けた。でも、やるしかなかった。今は、姑は寝たきりで言葉もほとんど出ない。介助をして食べさせ、おむつを替えるだけ。「ずっと楽になりました。夫も協力的ですし」と付け足すように話した。「協力的」という言葉が私には引っかかった。Aさんには何も疑問はないようだった。

「それは大変だったでしょうね」と私が言うと、Aさんは不思議そうに、「でも当たり前じゃないですか。もっと大変な人もいます。やるしかないのですから」と言った。当たり前でも大変は大変であること、「介護うつ」になる人さえいることなどを説明した。そして、自分がとても大変な状況のなかで頑張ってきたことや、今もすごく頑張っているということを認めてあげることは大事だと思う、と話した。しかし、Aさんは「それで何か変わるのですか。そうすればドキドキが治りますか」と、やはり淡々と尋ねただけだった。

翌週は、夫にも同席してもらって面接を行った。Aさんが長い期間、非常にしんどい毎日を過ごして疲れ切ってしまっていること、家事はもちろん、どうしてもしたいこと以外はせずに、寝たいだけ寝てからだところを休める必要があること、それが難しいのなら入院しての治療が必要であることを説明した。Aさんは意外そうだったが、夫はしっかりと受け止めた。そして「必ずそのようにします」と約束した。

母親を施設に

翌週の面接では、「大きな変化があったんです」とAさんは話した。夫が決断して、姑を施設に入れてくれた。夫はやさしい人だし、田舎で施設に親を入れるというのは親を捨てるような感覚があって、なかなか決心できないことなのだという。

「夫はやさしい、と言うけれど、施設に入れたくなければ、妻が病気であっても、自分で頑張って家で介護するでしょう。結局、自分のために母親を施設に入れたのであって、Aさんのためではないと思います」と私は言った。

「そうでしょうか。私がこんな状態やから、私の世話もせんといかんから、母親を施設に入れんとあかんようになってしまったんです。それがこころに引っかかります」とAさんはいかにも申し訳なさそうに話した。

「ここは大事なところだと思うので、確認します。それでも、ご主人が自分自身のために決めたことですよね。Aさんが病気であろうとなかろうと、自分の親はなんとしても施設に入れたくないと、そう思っていたら、頑張るでしょう。実際にそうされている男性もたくさんおられます。Aさんのご主人はそうではなかった」

「そりゃ、大変ですもん。公的な介護はいろいろ入ってくれてますよ。訪問入浴もヘルパーさんも訪問介護も往診も。それはすごくありがたいけど、でも、そのために毎日スケジュールはいっぱいです。家を空けとくわけにもいかんし。散らかっていてもええって、なんぼ言うても、他人さんが来るのにそんなわけにはいかんから。いろいろな人に会ったり、書類を書いたり、もらいに行ったり。介護用品も買いに行かなあかんし」

「そういうことをご主人はずっとAさんにやらせてきたんですね。そして自分でやらないといけなくなったら、すぐに施設に入れる決断をした。それはAさんのためではなく、自分のためですね、違いますか？」

そこまで言って、ようやくAさんの表情が少し緩んだ。

「そうですよね。あの人がどうしても家で看たかったら、看るわなぁ」

お会いしたAさんの夫は、うわべだけでなくやさしそうな方であった。実際にAさんの看病も真剣にやり通された。三ヵ月ほどでAさんの症状はおさまり、体重も戻り始めて、面接は終了となった。

カウンセラーの罪悪感

記録を振り返ると、夫のことを「やさしい人」だとAさんが言うたびに私はしつこく食い下がっている。痩せ細り倒れそうになってもなお、夫に対して「やさしい人です」と言い続けるAさんを受け止められなかったのは、私自身の罪悪感も関係していたのだと、今から振り返るとわかる。

私の妻も医師である。仕事内容は私と同じ、忙しさや休みづらさも同じである。しかし子育ての間を通して、保育園からの呼び出しや子どもが病気で看病が必要なときなど、ほとんど当然のように妻が仕事を休んで対応してくれた。

私は妻に甘えていたが、それに気がついてさえいなかった。育児の分担で口論になったとき、「自分よりも子育てにかかわっている父親はまわりにいないではないか」と、のうのうと言った記憶がある。あのとき妻は言い返さなかったが、彼女は納得したのではなく、あきらめたのだと思う。

たしかに保育園の送迎も小学校の授業参観も私は率先してかかわった。当時、参観の教室で父親はいつも私一人だけだった。妻も、自分の夫はよく協力してくれるほうだと思っていただろう。

それでも、それは公平ではなかった。妻は過労もあって、しばらく苦しい時期を過ごすことになってしまった。間近にいた私は妻の忙しさ、大変さを誰よりもわかっていた。それなのに、妻が自分からやっているのだからこれでいいんだろう、と明らかなずるさで自分が楽なほうに逃げていた。

「夫はやさしい人だから」と話すAさんの言葉に、私は自分のずるさを思い出して、許すことができなかったのだと思う。「厳しい言い方になりますが、Aさんのご主人は自分の母親と自分自身にはやさしかったが、妻にはやさしくなかった。妻がしんどいのはわかっていたのに、文句を言わない妻に甘えていた。今、妻が倒れて看病する事態になって、ようやく一番大事にすべき人が誰なのかわかった。それで頑張っておられるんだと思います」と私は返している。

もちろん、不仲にさせるのが目的ではない。が、夫はやさしくなかったのかもしれないとAさんが気づくことは、彼女がこの先、再びしんどくならないために大切だと感じた。そのほうが夫婦の関係にいい影響があるとも確信していた。

それにしても、夫のずるさを偉そうに指摘し続けた自分の言葉を読み返すと、なんと恥ずかしく、哀れなことだろう。そうしたところで、自分の罪が消えるわけではないのに。

コラム②　生きのびるための妄想

母の打ち明け話

一昨年の春、私の母親が硬膜下血腫で入院し手術を受けた。その一年ほど前から、動作がゆっくりになったり、物忘れをよくするなど、認知症のような症状が目立ってきていた。近くの病院で受けたCT検査で硬膜下血腫が見つかった。当初は会話や歩行などがそれなりにできており、日常生活に大きな影響がないということで、経過観察を受けていた。半年ほどは変化がなかったが、そこから次第に症状が悪化し、最後は歩くことも話すこともできなくなった。経過が長期間となったため血腫はかなり大きくなっていた。総合病院の脳外科を紹介され、いったん穿孔術（小さな穴を開けて血を外に出す）を受けたが、症状にあまり改善がみられなかったため、開頭して血腫全体を除去する手術をすることになった。手術後の経過は順調で、術後すぐから、それまでスローモーションのようだった話し方や表情の動きが普通の速さに戻った。

手術から数日後のこと、母が少しとまどったように私に打ち明けた。

「手術してくれた先生に、前にどこかで会ったことがあると思って。ずっと考えてたんやけど、思い出したわ。高校生のとき、電車のなかで英語の試験勉強をしていたら、となりに座っていた男の人が『ここが出るよ、勉強しときなさい』と教えてくれたことがあったんよ。次の日の試験で本当にそこが出て、すごくよくできた。あのとき教えてくれた男の人が先生だった。間違いないわ。やっとわかった。あのとき会った人に、またお世話になるというのも、すごい偶然やなと思って」

そう嬉しそうに話した。

しかし、年齢が合わない。母は七〇代後半で、主治医の先生はせいぜい五〇歳前後である。そのことを指摘してみても、そうかもしれないが、あれが先生だったことは間違いない、と確信は揺らがない。矛盾は意に介さない。それを先生に言うつもりかと尋ねると、「それはしない」と言う。この話を母は、夫や子どもにだけ打ち明けたのだった。リハビリの先生や看護師さんにも話さなかった。そしてリハビリ病院に転院する頃には、この話は語られなくなった。

母の打ち明け話は、「妄想」の典型的なものであると考えられた。妄想とは、自分に関する誤った思い込みで、訂正が困難なものである。母の前では否定せず話を聞いていた私の父は、病室の外では「頭がおかしくなったんやろか？　まだ硬膜下血腫の影響が残ってるんやろか？」と心配していた。しかし、手術後の検査では母の認知機能に異常はなかった。この思い込み（妄想）以外は、会話にも日常生活動作にも異常はみられなかった。

「フレゴリ妄想」とよばれる症状がある。おもには脳損傷や精神疾患をもつ患者が、まったく別の人を自分の知っている人であると思い込む妄想である。

外見が似ているから勘違いするというのとは違う。たとえば主治医や看護師など自分にかかわる医療スタッフのことを、姿形は違うけれど、この人は自分の妻である、あるいは弟である、などと確信的に思い込む。姿形が違うことを認識しているところが特徴である。その人の名前や職名も答えることができるにもかかわらず、それでも妻なのだ、弟なのだというように、明らかに不合理なことを確信している。意識が混濁して混乱しているのではなく、ほかの点に関しては認知や記憶の検査でもある程度正しく答えることができるにもかかわらず、この思い込みだけは一貫している。

『自我が揺らぐとき』[※1]でファインバーグは、この妄想のメカニズムについて、脳損傷やそれに続く強いストレス状況から自我に変容が生じ、その結果、人物の認知とそれにともなう親近感に食い違いが生じて引き起こされるのではないかと述べている。そして患者の作話や妄想は、「脳の機能不全からくる破局的状況がもたらすストレス、混乱、アノミー、疎外、疎隔感、自我の喪失感などに苛まれているとき、状況説明として作話が生み出す語りは、患者にとって現実の状況よりもはるかに大きな現実感をもっている。そう考えれば、このような状況のもとでの自己の変容は、ある意味では脳の深刻な損傷に対する適応なのかもしれない」という。

母は穿孔術後、次の手術に向けて主治医から説明を受けた。血腫による圧迫でぼんやりとした意識のもと、脳の手術という大きな困難を前にして、手術を担当する医師が、実はずっと以前にも自分を助けてくれた人だと、そう思い込むことができたのであれば、手術への不安はおおいに安らいだことだろう。

罪の告白

私は週に一日だけリハビリ病棟で勤務しており、リハビリスタッフや看護サイドから要請のあった患者を診察している。そこでは非常に印象深い「妄想」を話す人に時々出会う。

Aさんは八〇代前半の女性。山間部の村の小さな集落で一人暮らしをしていた。自宅で倒れているところを訪ねてきた近所の人が発見し、救急車で搬送された。脳の左半球の小さな出血であったが、当初は話すことができず、右手足の麻痺が生じていた。二週間ほど経過観察を受けた後に、リハビリのために転院してきた。

転院後一週間ほどで、Aさんは話すことはほぼ問題ない程度に回復し、食事も右手でスプーンを使ってできるようになってきた。しかし歩行はまだ不安定で、診察では車椅子に乗っていた。穏やかに話す大人しい方で、リハビリの拒否もなく、入院生活への不満も少ないとカルテの記録にあった。慣れない入院生活のストレスから、「ナースコールを押してもなかなか来てくれない」とか、「となりの人がうるさくて眠れない」「食事がまずい」などいろいろと不満を訴える患者は多い。しかしAさんはいつもスタッフに感謝の言葉をかけてくれる方だった。

Aさんを担当する作業療法士から相談があった。犯罪の告白をされたのだが、どうしたらいいだろうか、というものだった。作業療法士は、Aさんが本当にその犯罪を実行したと受け取っていた。

診察で私がそのことを尋ねると、Aさんは初めはためらっていたが、話してくれた。

「夕方に、人に見られないようにこっそりと、藁とマッチを手に持って、その家の裏に行きました。大変なことになる、やめておけ、と自分に何度も言い聞かせたんです。でも、藁を置いて、マッチを擦って、火をつけてしまいました。あっという間に燃え広がって、家の壁にも燃えうつって。怖くなって家に飛んで帰りました。あの家の人たちは逃げる間もなかったでしょうから、みんな死んでしまったと思います。私は死刑になるべき人間なんです」

Aさんは診察室を取調室と思っているようだった。「さっきの刑事さんにもお話ししたのですが」などの言葉が話のなかに紛れ込んだ。その場面をはっきり思い出しているように克明に、恐怖や苦痛で顔を歪めながら話す姿からは、作り話とはとても思えない。しかし、そのようなことがあったら知っているはずの家族に確認しても、そんな事実はないという。Aさんは息子さんにもこの話を何度か打ち明けていた。息子さんが否定しても、Aさんは受け入れないとのことだった。

Aさんは記憶の検査では異常がなく、認知症や注意機能の検査でも年齢の平均よりもよい点数をとっていた。病棟のスタッフや同室の患者さんたちとも普通にコミュニケーションができていた。時間の経過とともにこの話は語られなくなり、Aさんは退院した。

もう一例、同じようなケースを経験した。七〇代の男性Bさんは、やはり田舎の村で生活してきた方である。畑で作業中に倒れていたところを、戻らないので見にいった家族に発見され救急車で搬送された。右半球の脳出血で、左半身の麻痺が生じていた。この方もリハビリを拒否するようなことはなく、看護スタッフに不満を言うこともない穏やかな患者だった。ただ、指示されたことは淡々と行うが、自分から何かをする意欲に乏しく、リハビリ担当者との会話の際も笑顔がまったくみられないとのことだった。

診察では発症前後のこと、これまでの生活のことなどを正確に話した。検査でも知的機能や記憶に問題は見つからなかった。しかし、このように突然不幸な状態に陥ってしまった多くの患者にある程度共通する嘆きや後悔の言葉が、Bさんからはまったく語られなかった。かといって、過度に前向きになってリハビリに過剰に取り組んだり、明るく振る舞うような傾向もみられなかった。自分に起こった出来事を遠くに感じているような話し方が印象的だった。

何度目かの診察で、「こういう話をすると、私は頭がおかしくなったと先生は思われるでしょうが」という前置きをした後、次のような話をした。Bさんは退職後ずっと集落の長を引き受けていた。村のなかに不信心な家があり、先祖の霊を送る儀式をきちんと行わなかった。何度かその家族に忠告したが、聞き入れられなかった。結局、自分が役職についていた間、そのままにしてしまった。そのために自分は罰を受けることになった。本当はもう自分は死んでいるのだが、死ぬことも許されず、こうやって不自由なからだでずっと罰を受けて暮らしていくことになったのだ、と涙を流しながら話した。

自分の話していることを相手が信じないだろうということも、Bさんはわかっていた。

そのうえで自分の考えに確信をもっていた。やはり定義のうえからも、妄想ということになるであろう。

Bさんの妄想は次第に語られなくなった。かわりに、家族への不満（見舞いにくる頻度が少ない、買ってきたパジャマの色が気に入らない、など）や、看護師やリハビリスタッフに対する不満を口にするようになった。そして、自宅に戻れるだろうか、車の運転ができないと暮らしは不自由なのだがどうしたらいいのか、といった、自分の病状を受け入れて今後の生活を心配するような語りがなされるようになっていった。

罪の妄想の意味

このような妄想を、どう考えたらいいのだろうか。

マックウィリアムズは、抑うつ性パーソナリティにみられる防衛機制の一つとして自己への「向け換え」を挙げ、つらい出来事に出会ったときに、他人を責めるのではなく、自分に落ち度があったと思う傾向について論じている。たとえば愛する人を失った場合に、それを自分のせいだと考えることで、その人のよさを保つことができ（去っていったのは相手が悪いのではなく、自分が悪かったのだ）、自分の力の感覚を維持することもできる（あのときに自分が適切に行動していれば、今の事態は防げたのだ）。結果として、不安を遠

ざける役割を果たしうる、というのである。[※2]

上の二人の罪の妄想についていえば、次のようになるだろうか。自分は突然不幸に襲われ、身体の自由を奪われて、不自由な暮らしを強いられている。それは、過去に自分が悪いことをした報いとしてこのような罰を受けているのだ。そう考えることで、突然起こった不幸に対して、自分は無力だったのではなく、その不幸を避ける力があった、可能性があったのだと思うことができる。

脳血管障害のリハビリ生活では、食事や更衣、排泄など基本的な生活動作をことごとく他者に頼らなければならなくなることもあり、依存的な暮らしを強いられる。入院当初からスタッフに不満をぶつける方も多くいる。依存的にならざるをえない状況は、いわゆる退行を生み出しやすいし、脳機能の低下（脱抑制など）もそれを助長する。もともと、ストレスや不安を感じたときに、それをすぐ他人にぶつけるタイプの人は、とくにそのような態度をとりやすい。

一方で、独立心が強く他人に頼ることをよしとしない人（甘えの少ない人）は、依存的な対人関係に慣れていない。そのためか、不満や不安を表現することも少ない。必要な支援をスタッフに頼むことにさえ遠慮がちになり、その結果生じる困難に対しても自己批判的になる。たとえばナースコールを押してトイレの介助を頼むことを遠慮して、自分でトイレに行こうとしてベッドから転落したりする。

その点では二人とも依存心が小さく、不満の訴えのほとんどない方であった。そして、自分に突然降りかかった不幸から距離をとって、どこか平静を保っているように見えた。

しかし、妄想のなかで自分が犯した罪について語り、その結果として罰を受けていると涙するときには、どこか生き生きと嘆き悲しむことができているという印象を受けた。妄想の内容よりも、嘆き悲しむこと、それこそが大切であったように思われた。

突然自分を襲った不幸（脳血管障害）のなかで、患者は、つらい状況（入院生活、リハビリテーション）に押しつぶされそうな不安や混乱、絶望を感じている。そこで、なんとか「自分」を保ち、こころの平安を得ること、そうしてリハビリ生活を維持していくこと。それは自分の幸福につながる。妄想には、そのような適応的・積極的な意味があるのではないだろうか。

※1……トッド・E・ファインバーグ（吉田利子訳）『自我が揺らぐとき――脳はいかにして自己を創りだすのか』岩波書店、二〇〇二年
※2……ナンシー・マックウィリアムズ（成田善弘監訳、神谷栄治、北村婦美訳）『パーソナリティ障害の診断と治療』創元社、二〇〇五年

Ⅱ 親と子の出会いと別れ

5　怒りの妖精とよばれて

いつも子どもに怒ってしまう

入ってくるなりAさんは、一枚のゲームカードを取り出した。

「先生はこういうの、ご存知ですか？」

そのカードには凶悪な顔の魔物が描かれていて、下に「怒りの妖精」と書いてあった。

「子どもたちが、『ママには怒りの妖精がついている』とよく言ってたんです。でも、この前ついに『怒りの妖精がついてるんじゃなくて、ママが怒りの妖精そのものや！』と言われてしまいました」

Aさんは三〇代後半の女性。彼女と夫、そして小学五年生の男の子、二年生の女の子の四人家族である。

「自分でもおかしいと思うけれど、子どもに、とくに長男に、いつも怒っています。ほかのお母さんたちは子どもと一緒にいるのが幸せそうなのに、うちは違います。子どもたちも私も不幸だと思う」

「この前の休みの朝も玄関で、サッカーの練習に出かけようとしている息子に『歯は磨いたの？』と声をかけました。『あっ！　忘れてた』と息子は言って、靴を脱いでのんびりと磨きにいこうとしました。見ると、持っていくはずの水筒がキッチンに置かれたまま。たまらず『そんなにノロノロしてたら、みんなを待たせてしまうやろ！　早くしいよ！』と大声で怒鳴りました。息子が不満そうな顔をしたのがきっかけになって、ほかのいろいろなことまで引き合いに出して罵ってしまいました。泣きそうになって息子が出ていった後で、朝からあんなふうに言われたら、一日中嫌な気分だろうなと反省しました。でも、また必ず同じように怒ってしまうと思います」

子育ての問題で保護者が相談に来られた場合、問題が何であろうと私の方針はほとんど同じである。小言をできるだけ控える。家で子どもがリラックスできること、そして、親もリラックスできること、それを一番大事な目標にしてみましょうと提案する。Aさんは、まず一ヵ月の間は怒ること、小言を言うことをやめるよう頑張る、と決心した。

小言を控えたら

次の面接で、Aさんは次のような「発見」を報告した。

「息子が学校で何か悪さをすると、夜七時頃に担任の先生から電話がかかってくるんです。今まではそういうとき、私はすぐ子どもに怒っていました。すぐに怒鳴ってはいけない、と我慢するようになってわかってきたのですが、そういう電話があると私はすごく不安になるようなんです。そして不安になると、そこからすぐに怒りに向かっていく。怒るのはダメだとなって初めて、自分が本当は不安だったり悲しかったりしてるんだなと気がつきました」

その後の面接では、Aさんは次のような出来事を報告された。

「この頃、職場で周りの人から、妙な感じで話しかけられることが増えました。この前もランチのとき、同じ部署の一〇年来の同僚がポツリと『私なぁ、初めはあんたのこと、怖いって思ってたんよ……』なんて言うんです。『なんで今頃？　私ら、何年知り合いやねん!?』って言いそうでしたけど、何なんでしょう。また別のときには、職場の後輩が『Aさんは姑になったら、合う嫁と合わない嫁がいると思うよ』なんて急に言ってきたんです。『なんであんたにそんなこと言われなあかんねん!?　あんた、私の何を知ってるんや？』って思いましたけど」

このように周りの人からいろいろなことを言われるようになることは、子どもへの小言を控え始めたクライエントからしばしば報告される。それまで、子どもとのやりとりで、すぐに言葉を打ち返していた人が、いったん子どもの言葉を受け取る構えに変わってくる。すると、おそらく、子ども以外の相手に対してもそのような構えで向き合うようになる。そうすると、周りにいる人も、それまで言いたかったこと、本人も気づかずにもっていた考えなどを、思わずポロッと言ってしまう（言ってくれる）のではないだろうか。

次のような話もあった。

「この前、息子に謝ったんです。私は朝早くから起きてお弁当作って、当番のときは車で送迎もして、洗濯物だっていっぱい。こんなに応援しているのに、息子は最近レギュラーから外されたようなんです。ユニフォームが少ししか汚れてないからわかるんですよ。試合に出てたらパンツやストッキングにもっと泥がつくんです。それで腹が立って、息子に怒ったんです。『なんでもっと頑張らへんの！　こんなに応援してんのに！』って。あのとき、息子は何も言い返しませんでした。でも、本当は息子が一番がっかりしているんだと気がつきました。試合に出られなくて、ずっとベンチで見ているのはつらいだろうなって。それに私が耐えられなくて、息子に八つ当たりしていたんです。そのことを息子に謝りました。『あのとき、ひどいこと言ってごめんな』って。そしたらあの子、『そんなん、ええよ！』ってニコッとして、許してくれたんです。一番つらかったのはあの子なのに」

Aさんはそう言って涙ぐんだ。

お母さんのなかのお母さん

Aさんは、子どもに腹が立つことがほとんどなくなってきた。面接では子どもの話が出なくなった。かわって、だんだんとAさん自身の子どもの頃の出来事が思い出されるようになった。

「私の両親は共働きでした。いつも缶のなかにお金が入れてあって、私は学校から帰るとそのお金を持っておやつを買いにいきました。お店で友だちとその母親に会ったときに、『あの子はお母さんが働いてるから、自分で買いにきてるんやで』と友だちが言っているのが聞こえました。そのとき、すごく腹が立ちました。お母さんのことを馬鹿にされているような気がして。でも、今思えば、なぜお母さんは自分でお菓子を買っておいてくれなかったんでしょう？　お母さんが買っておいてくれたらよかったのに」

「こんなこともありました。お菓子を買ったら、お釣りとレシートをその缶に戻しておくのが約束だったんですが、あるとき、一度だけレシートをなくしたことがありました。そうしたら何ヵ月も『おやつなし』にされました。あのときは自分が悪いと思っていたけれど、今考えると母のやり方はひどかったんじゃないでしょうか」

そんな話をしながら、Aさんは何度も涙を流した。Aさん自身がやさしい母親になってきたので、彼女の記憶のなかのお母さんのイメージもまた、昔よりやさしくなったのだろう。そしてそのやさしくなったお母さんに対して、昔は言えなかったことを言えるようになった。そのときには気がついていなかった「言いたかったこと」を思い出した。母親への不満をときに泣きじゃくるように話し続けるAさんの姿を見ながら、そんなことを考えた。

最後の面接では、次のようなエピソードが語られた。

「昨日、子どもの学校の体育館に行ってきました。明後日の金曜日に参観授業があるんですが、私は仕事で行かれないのです。そういう保護者はかわりに火曜日の演劇を参観してもいいことになっていたんです。床に座って演劇を観ました。子どもたちが前に座っていて、後ろには保護者が一〇人ぐらい座っていました。劇の合間の休憩のときです。息子が『お母さん、来たん！』と大きな声で言いながら、私のところに走り寄ってきました。私の横に寝転んで、膝に頭を乗せてきたんです。後ろからは娘が私を抱きかかえるようにくっついてきました。今までの私だったら、『ほかにそんなことしてる子おらへんやろ！』

と息子に怒っていたと思います。でも、そのときにわかったんです。『自分は今、とても嬉しくて、少し恥ずかしいんだな』と。私が『そんなことして恥ずかしくないの？』と聞くと、息子は『全然！』と言いました。自分は幸せな母親だと感じました」

そしてAさんは、「これで面接は終わりにしたいと思います」と言った。

怒りの妖精は、子どもたちの支えもあってAさんから離れていくようだった。面接を通してずっと私が感じていたのは、子どもたちは怒りの妖精をただ嫌っているのではないのだなぁ、という不思議な感覚だった。大好きなお母さんを、ずっと守ってきてくれた怒りの妖精に対して、子どもたちはどこかでリスペクトとでもいうべき思いをもっているかのようだった。

6　靴をそろえる話

「子どもは九時には寝かさないと」

子どもに何かをさせることにすごくこだわる大人に面接で時々出会う。

孫が不登校気味であることを心配して、七〇代の女性が相談に来られた。その女性（祖母）は、娘（母親）と、孫の女の子の三人でやってきた。

女性は娘家族とは少し離れたところに住んでいた。話を聴いたところ、娘夫婦は別居中であった。そこに至るまでの数年間も、家のなかはかなり大変だったことがうかがわれた。女の子が元気がないのも、ある程度致し方ないことのように思われた。

印象に残ったのは、この女性が何度も繰り返し孫の寝る時間のことを話したことだった。娘夫婦の問題には一切関心がないかのように、ただ「子どもは九時には寝かさないと」、ほとんどその点だけにこだわっていた。

面接の終わりにも、娘に対して「ほら、あなたもここで先生にはっきりと約束して！子どもは九時に寝かせるって」と必死で訴えた。娘も孫もかなりうんざりしている様子であった。

別のケース。小学五年生の息子が言うことを聞かないという、三〇代後半の母親からの相談。子どもが脱いだ服を洗濯機に入れないことが、この母親のいわば導火線だった。ある夜遅く、廊下に脱ぎ捨てられたズボンを母親が見つけた。母親は子ども部屋に行き、熟睡している息子をベッドから引きずり出した。寝ぼけて泣きそうな息子に無理やりズボンを拾わせ、洗濯機に入れさせたのだという。さすがにそれはおかしいと夫から言われて、彼女は夫に対しても激怒した。しかしその後、自分でも「何かおかしいのではないか」と感じて相談に来ることになった。彼女自身もなぜ自分がそこまでその点にこだわってしまうのか、よくわからないようだった。

こだわりの謎

最近友人から、この「こだわりの謎」に関係がありそうなエピソードを聞かされた。

その友人は、小中高生を対象にした塾を主宰しており、日頃から子どもや保護者にかかわっている。彼は私にスマホで写真を見せながら話し始めた。写真には、塾の玄関らしきスペースに脱ぎ散らかされた大小さまざま色とりどりの靴が写っていた。

「いつもだいたいこんな感じなんですよ」と、彼は笑いながら言った。そして「子どもというのは、放っておけば、靴なんかそろえないんだということ、一方で、靴をそろえることに〝強迫的〟と言えるほどにこだわる大人がすごく多いということに気がつきました」と続けた。塾を始めた頃、「小学生まで戻って子どもたちを教えることにした」と塾の方針を紹介すると、「ああ、靴をそろえさせるところからやるんですね」という言葉がしばしば返ってくるので、そのことを意識し始めたそうである。

きれいに靴をそろえて、挨拶をして入ってくる子どもは、靴を脱ぎ散らかして入ってくる子どもよりも、好ましい印象をもたれやすいだろう。しかし「靴をそろえるのはすべての基本でしょう」と、問答無用と言わんばかりにそれを核にすえる人たちの、そこまでのこだわりの強さは何なのだろう。

不安を置き換える

本人も気がついていない対処困難な問題（もしくは何か根源的な不安など）がある場合

に、その問題を対処可能なもの（見せかけの不安）に無意識のうちにすり替えることは、こころがよく使う防衛手段である。死に対する不安を感じている人が、「手が汚れたのではないか」という不安にそれを置き換えて、手を執拗に洗い続けることで一時的な安心を得るいわゆる手洗い強迫は、その典型的なものだ。

では、「靴をそろえることは絶対の基本」というこだわり、その強迫の裏では、何が何に置き換えられているのだろうか。

根源的な不安は、「どうすればこの子は幸せになれるか」「生きのびていけるか」というような不安であろう。親であれば、どこまでいってももっている不安である。

当然のことだが、この不安に対処することは難しい。そこで、「どうしたら靴をそろえられる子になるか」「どうしたらきちんとしていると言われる子になるか」というような、より対処しやすい不安へと置き換わるのであろうか。見かけ上きちんとした子にすることは、脅したりほめたりすることで、簡単に（実際にはそうでもないのだが……）できる。対処可能であるように思える。

「靴をそろえられる」「挨拶がきちんとできる」など、大人がこだわりやすい点は、他人から見てわかりやすいところが共通している。ここも興味深い。おそらく不安の強い親ほど、他人から（世間から）評価されること、「いい子ですね」つまり「うまく育っていますね」と言ってもらえることを求めるだろう。そうされることで一時的に不安が楽になる。それがこのような置き換えが行われる理由なのかもしれない。実際に、そのような親は自分の子どもが「いい子」であることのアピールも目立つように思われる。

置き換えの問題点

ほかにも大切なことはたくさんあるはずなのに、そこだけに注目してしまうことの問題点はどこにあるだろうか。

置き換えの問題点の一つは、一時的に不安から逃れられるが、本当の問題に向き合うことが置き去りになってしまうことである。

子どもにしてみれば、不安な親を楽にするために、そして、面倒を避けるために、自分の意に沿わずとも、とりあえず親の言う通りにしようとするかもしれない。そのとき子どもには何が身につくのか、何を失うのか。

「少なくとも靴はそろえられるほうがいいに決まっているのだから、靴をそろえさせることは絶対に正しい」というような姿勢で子どもに向き合っていては、置き換えの問題は見過ごされる。失うもの、それはたとえば「したくないことを拒否する力」かもしれない。

それ以外にもいくらでも思いつくが、少なくとも、そのような可能性を意識しておくことは、子どもとかかわるうえで、子どもの生きる力を育てるうえで、とても大切なことだ。

はじめに紹介したようなこだわりについて、なぜそれがそこまで気になるのか、と面接で尋ねると、過剰な反応を示すクライエントは多い。靴をそろえる例であれば、「じゃあ先生は、靴をそろえなくていいというんですか！　脱ぎっぱなしで散らかしっぱなしでも放っておくんですか！」と怒りをあらわにして問い返す。私が問題にしたいのは、この話題になぜそこまで感情が入り込んでくるのか、その点なのだが。

そのようなときの怒りの言葉を聴いていると、この人は自分や自分の信念ではなく、自分の親を守ろうとしているのではないか、と感じられることがある。親の教えを守ろうとしているのではない。親そのものを守らなければ、と強く感じている。そして親を攻撃しようとする相手に対して怒っているようなのだ。

子育てにおいて、強い不安をもっていた親が、その不安を置き換えて子どもに接した。たとえば問答無用で靴をそろえさせた。そのとき、子どもは靴をそろえるという表面的なことだけでなく、親のこころの底の不安も受け取ったのかもしれない。そこで子どもが親の言う通りにしたのは、傷つきやすい不安な親を守りたいという、親への気遣い、いたわりであったろうか。子どもの健気な決心だっただろうか。

そして、子どもは親となり、自分が受けついだ親の不安を、今度は自分の子どもに押しつける。不安の連鎖である。なぜそこまでこだわるのか、ということへの私の一つの仮説である。

親のこころに去来するもの

友人の話に戻る。脱ぎ散らかされた写真を再び見せながら彼は言った。

「靴をそろえずに、散らかった靴をピョーンと飛び越えていく子どもの姿を見ると、なぜか爽快な気分になるんですよ」

これを聞いた私も爽快な気分になった。その跳躍は、大人の偏見に立ち向かうものであるだろう。親の不安も吹っ飛ばすような子どもの力なのだろう。

自分の子どもには靴をそろえさせるか、それともピョーンと飛ぶのを見守るのか。日常の育児の場面で自分のこころに去来するいろいろなこだわりを、少ししっかり見つめてみたい。

7　去られるためにそこにいる

「二度と話しかけないから！　さようならっ！」

以前、新聞の投書欄で、次のような文章[※1]に出会った。

「さようならっ！」。そこまで言うかと自分で思った。三カ月前の事、まもなく就職で家を出る娘に、小さい頃の懐かしい話をちょこっと話したら「話が長いよ」。娘は照れたらしいのだが、その瞬間、私は無性に悲しくなって「もう話しかけないから」と言った。

娘は黙った。更に「二度と話しかけないから」。「一生話しかけないから」。それでもまだ止まらなくて出たのが「さようならっ！」だった。

どうしてあんな風に言っちゃったんだろう。その晩一人で考えた。ふっと答えが見つかった。私は、私の子育ての日々と決別したのだ。

「一生話しかけない」と言っても無視するわけではない。必要なことは言うし、話しかけてくれれば相づちを打って聞く。が、余計なことは言わずにぐっとこらえる。もう巣立ったのだ。よく成長してくれたことを淡々と喜ぼう。

ワン、ツー、スリー、でまだ足りなくて、パンチッ！　を放ったこの話を友人にすると、みんな大笑いする。一人が言った。「でもあたしもそれぐらい言わないと子離れできないかも」。私の子育て、これで完了です。

もしかしたらもう二度と一緒に暮らすことはないのかもしれない母と娘。その別れの場面を思うと切ない。いつか観たテレビ番組、キツネの親子の別れの光景が思い浮かんだ。母キツネが子ギツネを威嚇する。態度は一貫していて揺らがない。本能のプログラムである。子ギツネは、昨日まであんなにやさしかった母親から牙をむいて威嚇され、悲鳴をあげる。何度も母親に近寄ろうとするも追い立てられて、振り返り振り返りしながら去っていく。

ただ、上の投書の例では、威嚇されたのは娘ではない。感傷にひたっていた母親のこころの一部（「娘と離れがたい」と感じている部分）に対して、こころの別の部分（「別れを受け入れなければ」と感じている部分）が牙をむいたともいえるだろう。

親の立場で、子どもを送り出したことがある人なら誰しも、この母親に共感するのではないだろうか。あの幼かったわが子が、家を出て一人で暮らし始める。子どもの人生はもう自分の手の届かないところで展開していく。言いようのない淋しさがこみ上げる。

一方で、逆の立場、送り出される子どもの気持ちはどうだろう。自分が家を出るときどんな気分だったか、あまり思い出せない。まして親がどういう気持ちだったかなど、何も思い浮かばない。これから始まる新しい生活に気持ちはすべて向いていて、実家での生活の名残を惜しむような気分ではなかったのだろうと、振り返ると思う。

子どもはもう別れの準備はできている。愛しい子どもとの暮らしが終わってしまうことを、苦しいけれど受け入れなければならないのは親のほうなのだ。

この章では、親別れ・子別れについて書いてみたい。

弱さを見せることで強さを伝えられる

エルナ・ファーマンの論文「母親は子どもに去られるためにそこにいなければならない」[※2]を紹介しながら、マックウィリアムズは以下のように説明している。[※3]

分離―個体化の過程から抑うつ的精神力動が生じるのは、子どもの成長が母親にとってあまりにつらいために、母親が子どもにしがみついて子どもに罪悪感をもたせたり（「あなたがいないと本当に一人ぼっちよ」）、対抗恐怖的に子どもを押しやってしまう（「どうして一人で遊べないのよ!?」）ときだけだという。前者の状況におかれた子どもたちは、積極性をもち独立したいという普通の願望をも有害なものだと思うようになる。また後者の場合、子どもは依存を求める自然な動きを嫌悪するほうに傾く。どちらの場合にも、自己の重要な一部分が悪いものとして経験される。

「対抗恐怖的に」とは、本当は怖いのに怖くないふりをすること、過剰に勇敢に振る舞ったりすることである。投書の例で母親は、「対抗恐怖的に子どもを押しやって」いるといえよう。本当は淋しかったのに、その自分の淋しさを怒りで押し隠すように、「二度と話しかけないから！」と娘に拒絶を伝えている。

望ましいコミュニケーションとしては、母親はどうするべきだったろうか。娘が小さかった頃の話をした（母親が退行した）ときに、娘に受け入れてもらえなかった。その傷つきを素直に伝えるという方法も一つであろう。「話が長いよ」と言われたときに、「退行の拒絶↓淋しさ↓怒りによる防衛」という流れに一気に進んでしまうことなく、淋しさを伝えるのである。

たとえば、「話が長いよ」と言う娘に、「ああ、ごめんね。あなたが家を離れることは、とても幸せなことだと思っているけれど、でも、私にはとても淋しいことでもあるの」と、自分の弱さ、相手に甘えたい部分を正直に伝える。そして、「あなたが小さかったとき、一生懸命子育てをしたことは、私の人生の宝物なんだよ。本当に大変だったけど、毎日がすごく幸せで、あなたが私の子どもだったという奇跡は、いくら感謝してもしきれないほどだと私は思っている」と、正直な思いを伝えることができていれば、さらによかっただろう。

そのような言葉は、この先の人生において子どもを支えるメッセージになる。また、相手の言葉で傷ついたときに、怒りで反応するのではなく、正直に自分の痛みを相手に伝えることで、共感を得られたり、関係を悪化させることを回避したりする、そのような振舞いのモデルを示せる。弱さを見せる強さ、勇気を、子どもに身をもって示すことができる。

以下の文章は、先の引用の直前におかれている。

離乳にあたって本能的な欲求満足の喪失を骨身に染みて感じるのは、通常赤ん坊でなく母親である。そして、離乳と類比されるほかの分離の機会にあたっても同様のことがいえる。母親は自分の子の自律性が育っていくことに喜びや誇りを感じる一方で、ある悲嘆の痛みにも苦しめられる。しかし健常な子どもたちは親の感じるこうした痛みを歓迎するもので、はじめての登校日、はじめての学年末舞踏会、あるいは卒業にあたって、両親に涙を流してもらうのを期待している。

「健常な子どもたちは親の感じるこうした痛みを歓迎する」というファーマンの言葉には、子どものもっている成長を志向する強さへの確信がある。

離れようとすると脅す、近くにいれば可愛がる

マスターソンの『自己愛と境界例』[※4]には、次のような記述がある。

ここで重要な問題は、子どもの分離—個体化欲求に母親がリビドーを補給しないことである。これはさまざまな理由で起こり得るが、子どもはこれを、欠くことのでき

ない必要なものの不在あるいは撤去と受け取り、この体験から撤去した母親を部分対象として取り入れる。

「子どもの分離―個体化欲求に母親がリビドーを補給しない」とは、自分の行きたいほうに行きたい、自分がしたいことをしたい、という子どもの思いを、母親が支援しないというこ とである。支援しないやり方はいろいろある。関心を示さない、無視する。「言うことを聞かないなら、もう何があっても知らないからね」というような言葉の脅し。

自分の思いと親の思いが違うという実感、自分と親は別の存在であるということへの気づき。そのような独立のはじまりに、当然子どもは淋しさを感じている。だからこそ、自立の動きを始めるときには、親からの強い支えが必要になる。そして、子どもが不安であったり淋しいのと同じように、親もまた淋しいのである。それでも子どもの独立を喜んで、子どものの頑張りを見守り、応援し、へこたれて戻ってくればいつでもやさしく受け入れる。子どものしっかりした自立のために、そのような態度が親に求められる。「欠くことのできない必要なもの」とは、そのような親の態度を指している。そして、それが得られないこと、つまり子どもの独立の動きを親が喜ばないことが、「必要なものの不在あるいは撤去」である。

「撤去した母親」とは、嫌な感じの母親のイメージ。子どもが、自分のしたいこと（とくに、親の意に沿わないこと）をしようとしたときに、親が自分のこころを守るために、無視したり、価値下げをした。もしくは、やめさせようと脅したり、「子どものせいで自分が不幸になる」と嘆いたりしたとする。すると、子どものこころのなかでは、自立したいという思いと、ネガティブな親のイメージがセットになってしまう。つまり、自分のやりたいことをやろうとすると、親は（もしくは相手は）それを喜ばないと自動的に感じてしまうようになる。「撤去した母親を部分対象として取り入れる」とはそのようなことを指している。

クライエントとの面接では、「取り入れられた撤去した母親の部分対象」に関係がありそうな言葉にしばしば出会う。クライエントにとって当たり前の権利を主張したり、自分を幸せにするために当然の選択をする場合でも、「これは私のわがままなんです」とか、「私の自分勝手な行動でみんなに迷惑をかけてしまって……」のように、自己卑下的、自己処罰的な言い回しをする。そしてそのことを指摘しても、その考え方に違和感をもっていない。

繰り返しになるが、理想的には、子どもの自立心を応援するようなかかわりが望ましい。親は子どもが自立していくのを励まし、見守る。子どもが自分のところに戻ってきたら、温かく受け入れる。子どもは、いつでも親のもとに戻れるという安心感のなかで、自分を見守る親を背中に感じながら、少しずつ自立していく。そうして親から離れていく。

子どもの自立に大切な姿勢

最後に、いくつか実際のエピソードを紹介しながら、「去られるためにそこにいる」ということについて考えてみたい。

ケース1

当時小学二年生だった息子と二人で旅行に行ったときのこと。泊まったホテルの朝食はバイキング形式だった。彼がどう動いて何を食べるのか興味があったので、自分はコーヒーを飲みながら見ていることにした。

彼はしばらくほかの人たちを観察していたが、「何でもええんか……」と言って立ち上がり、歩いていった。彼が向かったのはオムレツをその場で作ってくれるコーナーだった。数人が並んでいた。

彼は列の後ろにおそるおそる並んだが、前の人との間が少し開いていた。小学校高学年ぐらいの男の子二人が、彼の前にさっと入り込んで並んでしまった。彼は少し驚いたようだったが、今度は隙間をつくらないように、その子たちの後ろにつめて並んだ。少し混雑しており、二〜三分して、ようやく次が彼の順番というところまできた。ところが、彼は急に列を離れた。お皿を取りにいったのだった。たしかに並んでいる人はみなお皿を持っている。彼はもとの場所に戻るのではなく、律義にもまた列の最後尾についた。今度は前の人との間に隙間はない。

さらに数分してようやく彼の順番となった。料理人から何か尋ねられて戸惑っている。「具には何を入れるか？」と聞かれているようだった。指さして何か選んでいる。家では見たことがないような真剣な表情だ。お皿に入れたオムレツを大事そうに持って、彼は席に戻ってきた。その後、オムレツの列に並んで席に戻って食べる、これを何回も繰り返した。最後に水をおかわりして飲んで、その日の朝食は終わった。

翌日の朝食では、彼は初めから迷わず皿を取りにいき、果物などをまず食べていたが、すいた頃を見計らってオムレツの列に並んだ。チーズやらマッシュルームやらコーンやら一通り全部を試し、ケチャップもかけたりしてオムレツを堪能していた。

親としてはいろいろと助言したり、助け舟を出したくなるところだけれど（列に割り込まれたり、並んでいたもとの場所に戻れなかったり）、見ていると子どもはさほど苦にしていないようだった。具体的にあれこれアドバイスせずに、離れて見守っていること、もしも必要なときは頼れるだろうと子どもに思ってもらうこと、親の役割はその程度でいいのだなと、実感した場面だった。

ケース2

以前に勤務していたある地方の大学でのこと。いわゆる「すごい車」に乗っている新入生が毎年数人いた。そうした学生たちにしばしばみられたのは次のようなタイプであった。本当は東京や関西の大学に行きたかったが、親が賛成してくれなかった。仕送りを受けながら都会で下宿生活をするかわりに、地元の大学に自宅から通う、その交換条件として高価な車を買ってもらっていた。

このようなケースも、結局は、子どもが自分の思いを抑えることで、親から報酬を得ている。ある学生は、「自分は本当に世間知らずなので、東京で一人暮らしなんて、とても無理だったんです。実家から通っていても、いくつも単位を落としそうになっています。親の言うことを聞いといて本当によかったと思ってます」と言った。

「本当によかった」とは、何がよかったのだろう。しんどい状況での生活が回避されたことだろうか。もしも、親に逆らって彼が自分の希望を通して、つらく淋しい時間を都会で過ごすことになっていたら、それは「悪かった」のだろうか。

自分自身の子育てにおいて、（親から見れば）頼りないわが子が、（親から見れば）苦労しそうな選択をしようとしていた場面を思い出してみる。反対することのメリットと、あえて反対せず受け入れるメリットを、あのときの自分は考えていただろうか。

ケース3

ある母親と息子の話である。息子は医学部を目指して、一浪して頑張っていた。しかし、センター試験の成績は思ったほど伸びなかった。母親は不安で仕方がなかった。「こんなにしんどいこと、もうしなくていいんじゃないの」と息子に声をかけた。息子は「もう一年浪人するのは大変だろうから、医学部はやめて、合格しそうなところを受験したほうがいいかなあ?」と母親に聞いた。

その話を聞いた高校時代の担任は、母親に対して言った。「息子さんはやさしい子なので、あなたを心配してるんですよ。彼自身はもう一年でも頑張る気持ちは十分あるけれど、お母さんがもたないだろうと思っている。しんどいでしょうけど、『私は大丈夫だから、あんたは自分のしたいように頑張りなさい』と応援してやってくれませんか」。

このケースでも、親は子どもを心配するあまり、子どもから離れることが難しくなっている。子どもは自分が苦労することよりも、苦労する自分を親が見ていられないだろうと心配して、自分のチャレンジを思いとどまりそうになっていた。「子どもに去られるためにそこにいなければならない」という言葉のなかの「そこにいなければならない」とは、安定してそこにいる、そうすることで、子どもが安心して去っていくのを邪魔しないという意味なのだと、この母子の話を聞いて思った。

母親は担任からの言葉で自分の気持ちを見つめ直して、(現実の世界ではなく気持ちのなかで)子どもからしっかり距離をとる覚悟をして、子どもと向き合った。子どもは当初の希望通り医学部を受験し、見事に合格を果たし、家を出たと聞いている。

子どもが親に立ち向かってくるときや、親から離れようとするときに、怖くなって脅したり、淋しくなって子どもにしがみついたりしない。戻りたくなったらいつでも受け入れてくれると子どもが感じられる、そういう姿勢で向かい合う。それが、子どもの自立には大切である。しかし、いくら頭でわかっていて、こころの準備をしていても、それは非常に困難なミッションである。私も自分の子どもとの別れの場面を思い返せば、ことごとく悲しいまでにうろたえていた。

※1……『朝日新聞』二〇一六年六月一一日付朝刊「ひととき」欄
※2……Furman, E.: Mothers have to be there to be left. *Psychoanal Study Child* 37: 15-28, 1982.
※3……ナンシー・マックウィリアムズ（成田善弘監訳）『パーソナリティ障害の診断と治療』創元社、二〇〇五年
※4……J・F・マスターソン（富山幸佑、尾崎新訳）『自己愛と境界例』星和書店、一九九〇年

8 カウンセラーも悩む親
——巣立っていく子どもを見送る

カウンセラー自身の悩み

この章では、親としてのカウンセラー自身の悩みについて考えてみたい。

カウンセラーは悩みを抱えたクライエントの話を聴く。一方で、カウンセラー自身も生活のうえでは、当然いろいろな悩みを抱えて生きている。ときには、自分が現実の生活で経験しているのと同じようなことで苦しんでいるクライエントの話を聴くこともある。そのようなとき、カウンセラーは何を感じるのだろうか。

以下に紹介するのは、ある女性カウンセラーAさんの話である。

Aさんは大学で教員として勤務しながら、カウンセリングの仕事をしている。Aさんの夫もメンタルヘルスにかかわる仕事をしている。Aさん夫妻には二人の子どもがあり、下のBくんの進路に関して夫妻は悩んでいた。いや、今も少し悩んでいると言うべきか。

Aさんによると、高校時代のBくんはアルバイトをしたり、仲間とバンドを組んだりと、楽しそうに生活を送っていたという。しかし、勉強にはあまり熱心ではなかった。勉強もスポーツもよくできた兄と違い、Bくんの成績は中ぐらい。何かをすごく頑張るというタイプではなかったとのこと。

Bくんは高校三年生の秋に、推薦で、ある大学への進学が決まった。ところが、一般入試を受けて入りたい大学があると言い出し、推薦での合格を辞退した。高校にも迷惑をかけることになり、Aさんたちは担任の先生に謝罪に行った。Bくんが希望したのは自宅から遠く離れた他県にある大学だった。推薦で決まっていた大学と比べてかなりの難関であり、準備も足りておらず、受験は当然うまくいかなかった。そして浪人することになった。

Aさんはこのときのことを振り返って、私にこう話してくれた。

「Bが進路変更を希望したとき、どうして推薦で決まった大学に行きたくないのか、なぜその進路に変更したいのか、聞かなかったんですよ。親としておかしいですよね。私はBがもっとしっかり受験勉強をして、より高いレベルの大学に行くのを望んでいたんだな、と今振り返ると思います。Bもそれを感じていたのかもしれません。推薦が決まっても、私たちは喜んでいなかったですから。親が関心を示さない、そういう進路を不安に思ったのかもしれません。だとしたらBに悪いことをしたなぁ、と思います。でも、受験勉強をきちんとしたらいいのに、というのは、親の見栄だけではなかったと思うんですよ。高い目標をもって努力を続けて、そして達成するということが、子どもには自信になるだろうし、この先も幸せに生きていくことに役立つ、そう考えていたんだと思います」

Bくんは自分で選んだ予備校に春から通い始めたが、親の目から見てあまり勉強に集中できていないようだった。夏休み頃までは、それでもある程度は勉強していたようだったが、模擬試験の成績はよくないらしく、表情はずっと暗かった。

Bくんは成績のことはまったく親に話さなかった。Aさんたちも、聞きにくい感じだったので触れなかった。

夏になると、成績のことだけでなく、ほとんど口をきかなくなった。Bくんは食事も自分で作って自分の部屋で食べるようになった。まるで家庭のなかでひきこもっているようだったとAさんは言う。

この頃の出来事でAさんが覚えていること。

「衛星放送だったと思うけど、旅番組でインドネシアのある島が紹介されていたんです。番組のなかで、髪の長い若者がインタビューされていました。その若者は、はるか遠くの別の島の出身で、旅を続けている。気に入ったところでしばらく暮らしては、また旅に出る。今はこの島が気に入って、二年ほどとどまってガイドや売り子のアルバイトをして生計を立てている。来年は三〇歳になる。そろそろ故郷に帰ってきちんと働くように親から言われている、などと笑いながら話していました。のんきな人だなぁと思ったけど、その表情は幸せそうでした。南の島の風景も美しかったし。一緒に番組を観ていた夫が、『Bもこういうところでこの人みたいに暮らしたって、全然かまわないのにね。誰もダメとは言わないのに。なんでBは、あんなに苦しそうな顔をして毎日暮らしてるんだろうなぁ』と、つぶやいたんです。Bはまだ一九歳。一〇年経ってもこの若者と同じ年。大学にこだわる必要なんてあるのかな、とその番組を観ながら思いました」

面接を通して親が変わる

その頃、Aさんのクライエントのなかに予備校生の父親がいた。その父親は、予備校をやめたいと言い出した息子に、「自分から行かせてくれと言って、始めたことだろう！こんなことも続けられないで、この先、人生やっていけると思ってるのか！」と怒鳴ってしまったと面接で話した。父親は、予備校をやめることは挫折であり、大きな失敗だと感じていた。どうやったら息子を思いとどまらせることができるのか。踏みとどまって頑張らせるにはどうしたらよいのか、それが相談に来た目的だった。

Aさんも親として同じような状況にあった。その父親の気持ちがわかる立場だった。

「クライエントの話を聴きながら、いつのまにかBのことを考えていました。怒鳴ることはないにせよ、自分で決めたことなのに続けられないBのことを、私も情けなく感じていました。これぐらいのことを頑張れないのなら、たとえ大学に入学できても留年するだろうな、とか、就職活動もしんどいだろうな、とか。就職したらもっと大変だろう、とか。その父親と同じような不安や不満を、私もBに対してもっていました」

これまでに親としてできることがあったはずなのに、それをしなかった。その結果Bくんを不幸にしてしまった、とAさんは後悔していた。小さい頃のBくんの写真を見ると涙が出た。

それでも、自分がカウンセラーとして行う面接では、違う見方ができた。Aさんは、大学の教え子の多くが長い期間就活して、やっと就職したのに、数年のうちに転職したり、退職して専門学校に通い直したりする現実を知っている。

「予備校をやめようとしている子どもの決断が失敗だと、簡単には思えませんでした。相談の子にしても、Bにしても、これまで本当に自分のしたいことをしっかり考える機会のないまま流されてきてしまったんだろうな、と思えたんです。そういう子はだいたいやさしい子なんですよ。だから親に受け入れてもらえる選択として、予備校に通うことを選んだというか、選ばざるをえなかった。だんだんと試験が近づいてきて、このままではやがて壁に突き当たりそうだと感じたんでしょう。もうこれ以上は無理だ、と。無理して続けても、大学に入ってから、さらには就職してから、しんどくなるでしょう。後になるほど事態はより深刻になる」

その父親は、面接のなかで何度も「息子にどう接したらよいでしょうか」とAさんに尋ねた。「どう接したらよいかという問いの〝よい〟とは、何を想定しているんでしょう？ただ子どもが予備校に戻ればそれで〝よい〟んでしょうか？ それだと、子どもが何を不安に感じているのか、何を考えているのかは置き去りですよね」とAさんは言った。

はじめは「どうしたら息子が予備校に通うようになるか」と考えていたその父親は、面接を通して、問題はより深いところ、別のところにあるかもしれないと考えるようになったとAさんはいう。親として安心するために、とにかく子どもが予備校に戻ってくれたらそれで〝よい〟のではない、と。

何をしたいのか、真面目に考えないままにきた子が、ようやく現実の世界に向き合い始めている。この先、自分は世界とどうやって付き合っていくのか、どんなふうに生きていけるのか、考え始めている。面接ではそのようなことが話し合われるようになった。子どもの時間や予備校の授業料が無駄になってしまうことが問題だと感じていた父親は、息子が今過ごしている時間は大切なものかもしれない、と考えるようになっていった。

親としてのAさんは混乱し、動揺していた。しかしカウンセラーとして面接をしていると、同じ問題を横から見ることでき、落ち着くことができた。自分たち親の世代は、とにかく頑張る、しんどいのは当たり前、という考えで生きてきた。ときには動けなくなるまで、倒れるところまで行ってしまうこともあった。うつや自殺、過労死なども、このような考え方とつながっているかもしれない。今、子どもの世代は、もしかしたら親よりも早い段階で、将来の苦しい状況を回避するために、方向転換をしようとしているのかもしれない。この段階でBくんが悩んでいるのは困ったことではない、より本質的な問題に向き合い始めている、よい兆候であると、Aさんは考えるようになったという。

Aさんの話を聴きながら、私は、「置き換え」の効用を思い浮かべた。母親としてのAさんは、子どもが受験に取り組めていないことを嘆いている。しかし、カウンセラーとして、同じ立場にあるクライエントの悩みを聴きながら、自分がクライエントに置き換えられて、自分のことを少し離れたところから見ることができたのだろう。

そしてそのようなカウンセラーのこころの動きは、クライエントにも影響したはずである。「自分も同じ経験をしているんですよ」などと話すわけではもちろんない。そんな「普通の会話」のような言葉に力はない。

そうではなくて、クライエントの話を通して、カウンセラー自身の悩みが思い起こされる。そしてカウンセラーのこころが動く。それは、表情の変化や間合いなど、非言語的なメッセージとしてクライエントに必ず伝わる。クライエントの話を聴きながら、Aさんは自分の子どもの問題に対して前向きな視点をもつことができ、安心もした。そのことはクライエントをも安心させる効果をもたらしただろう。私はAさんの話を聴きながらそう推測した。

子どもが見つけたこと

Aさんは次のようにも話した。

「このケースの面接をしながら、自分も親として、Bに対してどう接するのが〝よい〟のか、考えました。〝よい〟とはどういう状態なのかを。私が望んでいるのは、Bが無理をして、我慢して、形だけでも大学生になり、就職活動をし、そして働く、そうやって生きていくことなのか。それは違うと思いました。結局、私にとって〝よい〟とは、子どもが幸せに暮らすことのはずなんです。ところが、どう接したらよいか、というときの〝よい〟

は、何か子どもが『幸せそうに見えるほうに進むこと』になってしまっている。そして、そういう状態にもっていくにはどうしたらいいのかという、表面的なことに引っ張られてしまっているんです」

やがて年が明けた。Bくんはセンター試験でやはりうまくいかず、表情はますます険しくなった。志望校の二次試験も不合格だった。Aさんたちは、合格は難しいとわかっていたので落胆はなかった。しかし、Bくんからは、この先どうするつもりであるか、なかなか言ってこなかった。ついにAさんたちからもちかけて、話し合いをした。

そこでBくんは次のように話したという。

「この一年間、あまり勉強できなかった。このまま続けてもダメだと思う。自分が大学に行って勉強するイメージがわかないから、勉強も集中できない。受験はいったんやめる。外でからだを動かして働きたい」

そしてBくんは一人で旅行に出かけ、遠く離れた土地の農場の仕事を見つけてきた。就職の面接、住むところの確保も自分で手配をした。親は保証人として書類にサインをするだけだったという。

四月になり、彼は引っ越していった。住民票や健康保険など、いろいろな書類のやりとりのたびに、向こうでの様子をBくんが知らせてくれた。地下にひきこもっていたようなな一年間の後で、光や土に触れる今の暮らしがBくんに解放感を与えているのをLINEでのやりとりなどからAさんは感じた。

数ヵ月後、AさんはBくんに会いに出かけた。日に焼けてからだも引き締まったBくんは元気そうだった。部屋もきれいに片づいて、しっかり暮らしているようだった。

「よく笑ってよくしゃべる。昔のBに戻っていました。『からだは疲れるけれど毎日が楽しい』と言って、自分の給料で自動車教習所にも通い出していました。それでも、帰るとき私はBに言ったんです。『いつかあなたも自分としっかり向き合わないといけないと思うよ』って。また受験しなさい、という意味ではなかったつもりです。でも、とっさに口から出たけれど、『自分と向き合う』というのがどういう意味か、私自身、よくわからなかったんです。たぶん、ずっと今の仕事では、結婚したり、子どもを育てたり、子どもを学校に通わせたりするのは大変だろう、ということが頭にあったんだと思います。これって、私が面接でお会いしているほとんどの親が嘆いていることとです！　私は面接では、『親はそういうことを心配するけれど、子どもは結婚どころか、生きていくかどうかにさえ自信がもてなくなっているかもしれませんよ』なんて言ってるんですよ。でも、自分も親としては同じことを考えていました」

Aさんが思い出しながら語るその表情がここでとても柔らかくなったので、その先によいことがあったのだろうと私には推測できた。

「Bの返事はこうでした。『自分に向き合う、って。なんでそんなしんどいことせんといかんの？　僕は子どもの頃からずっと、やりたいこととか、やりたい仕事はなかった。こうやって気を紛らわせながら生きていくのは、あかんことなん？』。そこで私はハッとしたんです。『気を紛らわせながら生きていく』のは、あかんことではない。あかんことのはずがない、と。あの子が今の時点で見つけているのは、『気を紛らわせながら』、でもとにかく『生きていくこと』。あの子は生きていこうとしている。どんな方法でも、どんなスタイルでも、この世界で。なら、それでええやんかって」

Aさんはそう話しながら、そのときのBくんや農場の写真をスマホで見せてくれた。絵葉書のような景色、広い畑や牛、遠くの山々や青い空。それらの写真と一緒に、春にBくんが実家を出ていくときの動画があった。Aさんの夫が、もう子どもと会えるのは最後かもしれないという気がして、とっさにスマホで撮ったものだという。それも見せてもらった。

動画は玄関で大きな荷物を背負ったBくんの後ろ姿から始まっていた。靴を履いているところのようだ。そこにAさんたちが声をかけている。「元気でね」とか「怪我せんようにな」など。親たちは少し、いや、かなりうろたえているようだ。Bくんは返事をせず、しっかり靴ひもを整えている。やがてすっくと立ち上がって、カメラのほうを振り返り、「じゃ、行ってくる」とニコッと笑った。そしてドアを開け外に出て、振り返らずにドアを閉めた。少し間があって、Aさんが追いかけるようにドアを開けて道に出て見送っている。スマホもぶれながら追いかけて道まで出た。もうBくんは画面に小さくなっていて、振り返らず遠ざかっていく。Aさんたちは声をかけることなく見送っていた。泣き笑いのようなAさんの表情を捉えて動画は終わっていた。

親は呆然としているように見えた。子どもには余裕が、親を気遣うやさしさがあった。Bくんの余裕のある笑顔がなんともいえずよかった。おそらくあの笑顔を何度も思い出しながら、Aさんたちは子別れのつらさを乗り越えていくのだろう。

9 甘えることをやり直す
——「甘え」「退行」の大切な意味

子どもに返って誰かに甘える

私は運転中、ときに怒りっぽくなることがあった。たとえば、後ろの席で子どもたちが騒いだとか、飲み物をこぼしたなど、些細なことに対してである。

子どもはしょっちゅう騒いでいたし、飲み物をこぼすのもいつものことだったが、毎回腹を立てていたわけではなかった。どういう場合に腹を立てているのかを、あるとき妻に発見されてしまった。それはお腹が空いているときだった。私が怒り出す場所が毎回ほぼ同じ交差点付近であり、それは家族で外食に向かう往路である（つまり腹が減っている）という、わかってしまえば恥ずかしいほど単純な理由だった。

そう言われてから意識してみると、たしかに空腹だとイライラして、いつもは平気な子どもの大きな声（笑ったり泣いたり）に無性に腹が立ってしまうことが自覚された。自分はこんなにお腹が空いていてそれでも頑張って運転しているのに、どうして君たちは気遣ってくれないのか、という思いである。家族に対しては甘えが出やすいのだろう。

ここでいう「甘え」は、期待、信頼、依存などと言い換えてもいいだろう。子どもが親に対していたわりやねぎらい、関心（つまり愛情）を望むように、相手が自分にそうしてくれるのは当たり前だという思いである。

空腹時だけでなく、疲れたり、がっかりしたときなどに怒りっぽくなるのも、「子ども返り」の要素がある。目の前の現実に向き合うことを拒否して、怒る。思い通りにならないことが気に障る。文句を言うことを見つけて、そこにかみつく。子どもに返ってしまうと、抑制やコントロールが効きにくくなる。

ちなみに、それ以後私は運転中、空腹でイライラしないように、ダッシュボードに飴玉を常備するようにした。そして、「いやぁ、ちょっと疲れてきたみたいやわぁ」などと呟いて、ねぎらいの言葉を家族にリクエストしたりもしている。効果はあるように感じている。

マックウィリアムズは退行について、以下のような説明をしている。※1

――退行は比較的単純な防衛機制で、子どもが疲れたり空腹のときに、以前の成長段階の習慣に逆戻りしてしまうのを見たことのある親にはなじみのものである。社会的、情緒的発達は一直線に進むものではない。個人の成長につきもののこうした前進と後退は、年齢が上がるにつれてそれほど劇的ではなくなっていくものの、決して消失するわけではない。たいていの人はかなり疲れていればぶつぶつ泣き言を言うものである。

私も気づかずに退行していたわけであるが、退行は、幼い時代に戻って、子どもの頃のように信頼している相手からの愛情を求める、そうしてピンチをなんとかしようとする、そんなこころの仕組みとも考えられるだろう。

リハビリ現場でみられる退行

あるベテランの看護師から、受け持ち患者の一人が紳士的すぎて心配だと相談された。患者は六〇代の男性であり、転倒による頚椎損傷で急性期の病院で治療を受けたのち、リハビリ病棟に転院してきた。脊髄の損傷によって両手足に麻痺が生じていた。入院当初は、肘から先は動かせず、肘もわずかに曲がる程度であった。

リハビリ病棟で会う頚椎損傷の患者の多くが、とくに最初の時期は混乱が強い印象がある。家族や医療スタッフに対して要求が増え、イライラしやすくなる（依存的になる）。家族や看護師への訴えは、たとえば、暑い、寒い、顔のかゆいところを掻いてほしい、まぶしいのでカーテンを閉めてほしいなど、さまざまである。自律神経も損傷されることがあり、その場合は体温や血圧の調節機能も障害される。そのため、ベッドの背もたれの角度によって気分不良がしばしば起こり、何度も微妙な調節が必要になることもある。簡単なことも自分でできないもどかしさ、苦痛は耐えがたいものであると考えられる。ナースコール（ボタンが押せない方の場合は天井のマイクに向かって叫ぶ）への対応が少しでも遅れると、怒鳴られることもある。

看護チームでもこのような問題を想定し、あらかじめ確認し合っていたが、この患者は落ち着いていて、何も無理を言わないし、大きな声も出さない。要求もほとんどない。そこが気になる、どう考えたらいいのか、何か気をつけるとよいことはないか、という相談であった。

そのような点を意識しながら患者の話を聴いてみると、仕事での慢性的な過労や体調不良（腰痛など）があり、また家族のなかでの孤立など人間関係の問題もあって、今回の怪我をするずっと以前から、すでに生きる意欲を失いつつあったことがわかった。もちろん怪我による障害のために抑うつ的になることもしばしば生じることであり、これらは重なって問題になっている可能性もある。

男性患者はリハビリへの意欲も乏しく、消極的な姿勢が目立っていた。リハビリや食事の時間以外は、目を閉じて眠っていることが多かった。また食事の量が少なく、体重減少も進んでいた。

担当の理学療法士、作業療法士、看護師で接し方を何度も話し合いながら対応した。そのうちに、リハビリへの取り組み方に積極性がみられるようになってきた。自分から話をすることも増えて、笑顔も出るようになった。

この変化の理由として、若く明るいスタッフと毎日何度も接し、そのかかわりを通して、担当スタッフたちが患者を大切に思っていることが伝わったためではないかと考えられた。約三ヵ月後には、リハビリの効果もあって、自分で食事をすることや、わずかの介助で車椅子に移乗することなどが可能なレベルにまで回復した。

最初に、患者の反応に違和感をもち、それに対応しようとした看護師のプロとしての姿勢は、回復の最も重要な鍵だった。「頚損（頚椎損傷）の患者さんが依存的になることは、ある程度は〝必要悪〟だと私は思います。自分で何もできなくなって、赤ん坊みたいに何でも世話をしてもらわないといけなくなる。そういうときに、家族や看護師にわがままを言って、それを聞いてもらう。そうやって、周りの人に受け入れられてようやく、『大変だけど生きていこう』という気持ちになれるんだと思います」と彼女は言った。

まず必要な万能感の経験

この「頸損患者が依存的になることは〝必要悪〟だ」という話を聞いたとき、ウィニコットの「ほどよい母親」や「脱錯覚」などの考え方が思い浮かんだ。すなわち、乳児はすべての欲求が満たされている状態（一次的な万能感の状態）にある。成長するにつれて、自分の思い通りにしてくれるのは親なのだと思うようになる（二次的な万能感の状態）。そしてさらに成長し、「ほどよい母親」がときに子どもの欲求に応え損なうことなどを体験するうちに、親は万能ではない、万能なものなんてこの世界にないという感覚を受け入れていく（脱錯覚、現実世界に適応していく）という流れである。

マックウィリアムズは、子どもが現実に適応する（万能感を健全に放棄できる）ためには、はじめにしっかりと万能感を味わうことが大切であると強調している。[※1]

多くの分析家が推測しているのは、自分の力が有限であるという成熟した大人の態度にいたる前提条件は、逆説的ではあるが、乳幼児期にそれとは反対の情緒体験をもつことである。つまり、まずはじめに自分自身が万能で、次に自分が依存している人々が万能であるという発達的には適切なファンタジーをふんだんに享受できるような幼少期の生活が確保されていることである。

このあたり、親はしばしば、「何でも思い通りになると子どもが思ってしまうと、将来、現実を知って傷つくだろう」と先回りして心配し、早め早めに子どもの欲求を抑え込む方向に働きかけてしまいがちである。しかし、まずは適切なファンタジーをふんだんに享受できること、そちらが大事であって、抑えるのはその後でいいのだ。

弟や妹ができたときの上の子どもの赤ちゃん返り

こころが傷ついたり、不安になったりしたときに、その状態から逃れるため、さらにはそこから回復するために、幼い状態に戻って、あの頃のように親からの愛情を受け取る。退行とは、こころに組み込まれているそのような自力回復の仕組みの一つなのかもしれない。

退行のよく知られている例は、弟や妹が生まれたときに、上の子どもが示すいわゆる「赤ちゃん返り」であろう。出産の前後で入院したり実家に帰ったりする母親と離れて暮らす、もしくは離れて眠るということは、幼い子どもにとってはなかなかの試練になる。また、弟や妹が生まれて、両親の愛情（関心）が奪われてしまうことも、子どものこころの平穏を脅かす。弟や妹の甘える姿を見ながら、自分が甘え損なったことに気がつくのかもしれない。また、甘え方の見本を弟・妹に示してもらえるので、退行を選びやすいという面もあるのだろう。

退行がこころの自力回復の仕組みなのだという思いで向き合えば、赤ちゃん返りを子どもの健全なSOSとして受け取ることができる。その子には今、お母さん（お父さん）の愛情が必要なのに、それをうまく言葉で言えずに苦しんでいるのだと思って接してみる。忙しそうな親に迷惑をかけたくないとか、いいお兄ちゃん（お姉ちゃん）でありたいと、とくに上の子は、甘えたい気持ちを抑えつけがちなところがある。そしてそのバランスをとるかのように、赤ちゃんになって愛情を受け取ろうと、（本人はわざとではなく）行動や態度となって表れているのかもしれない。

親のほうも、下の子の世話で疲れている。授乳の時期は、慢性の睡眠不足が本当に大変である。上の子の要求に十分に応えてあげることは難しい。前は聞き分けのいい子だったのに、こちらが忙しいのをわかっていて、こんなに無理を言うなんて！　と、子どもに対して親も怒りがわく。子どもの要求に応えない（応えられない、応えたくない）自分の状態を、「こんなわがままを聞いていたら、この子はこの先困るだろう」などと「合理化」しつつ、同時に不安をもつ。

そういう場合にも、「赤ちゃん返りは子どもの健全なＳＯＳ」ということをこころに留めておけば、少し余裕がもてる。「食べさせて」「着替えさせて」「トイレに行きたい」といった赤ちゃん返りでの甘えに対して、やさしく接しても心配はない。「あなたがいてくれるから幸せよ」とか、「〇〇ちゃんが生まれたとき、ママやパパはすごく幸せだったよ」などと声をかけてあげるのもよい対応である（声だけで済むし、経済的）。赤ちゃん返りという「困った」行動をしてまで子どもが求めているのは、そのような愛情を感じられる（再確認できる）言葉かけや関心、スキンシップなのだから。

退行の底にあるメッセージを受け止める

子どもの退行についての相談を時々受ける。小学校中学年、ときに高学年になっての退行は、からだも大きくなってきているので、行動化もなかなか派手である。また、退行した場合の行動がそれまでとギャップが激しいので、その点でも親は不安になる。

行動化は、最初は家庭内暴力（ものを壊したり、親を叩いたりなど）だと受け取られている場合が多い。また、抜毛やリストカットといった自傷行為、あるいは摂食障害などがまず現れて、そのことで親が来談し、受容的に子に接するようになった段階で、それまで表面化していた「問題」がおさまり、そのかわりに退行が現れてくる、という流れもしばしば経験する。

その点からも、小さい子どものうちに退行が出てくれることを親はむしろ感謝すべきだと、多くのケースに出会ってきて私は感じる。そのように面接でも話している。

その年齢の子どもだったら、もう理屈がわかるのに、わがまま極まりない（と親には思える）ことで駄々をこねたり、泣き叫んだりする。親としては、甘えてくる、困らせてくる子どもに対して、「こんなわがままを聞いていたら、この子はダメになってしまうのではないか」「さすがにこれは注意しないと、親の責任を果たせない」などと思ってしまう。

横暴をすべて許せとか、すべて子どもの言う通りにしなければならない、と言うつもりはない。それどころか、暴言は戒めるべきだし、暴力は受け入れるべきではない。面接でも、暴力は決して受け入れてはいけないということを明確にしている。「暴力があればすぐに警察に相談する。そうカウンセリングで言われているから」と、子どもに明確に伝えるよう話す。親は決して暴力で対抗しようとせず、警察に（社会のシステムの力に）守ってもらう。これは親だけでなく、子ども自身も守ることになる。大げさではなく、はっきりと、毅然と実行することで、実は子どもも安心する。暴力に訴えなくていいのだ、大切な親を傷つけなくて済む、この世界は暴力を認めないのだ、などのメッセージを、結果として子どもは受け取ることになるからだ。

ここで強調したいのは、表面的な言葉や振る舞いの底にある子どもの思いを意識しておくことの大切さである。次のようなことを親がこころに留めておくと、親子とも楽になれる。からだは大きくなっていても、今、目の前で泣き叫んだり怒り狂っているのは、子どもの幼い部分である。その幼い部分は、自分の不満をすべて解消してくれる力を、親は当然もっていると信じ込んでいる。子どもは思い通りにならないことを、理屈ではなく、ただ悲しんでいる。親としては、しつけや教育的なことが頭に浮かんでも（浮かぶのは当然だが、それは頑張って置いておく）、幼い子どものこころを意識しながら向き合うのである。

怒鳴ったり、叩いたり、ものを壊すのはダメだけれど、あなたがつらかったということは伝わった。つらかったね、なのに、これまでよく辛抱してくれたね。あなたのことをすごく大事に思っているよ。あなたのおかげで、私はこれまでやってこられたんだよ。ありがとう。

それらの言葉が、状況に、表面的な文脈にそぐわないように感じられても、親からのやさしい言葉、とくに「ありがとう」という言葉は、子どもに必ず届く。落ち着いた後で、子どもはそれらの言葉を思い出し、何度も味わうことができる。子どもが求めているのは、結局、その言葉、親からのいたわりと感謝の言葉である。

もちろん、親自身も追い詰められている状況で、今までも発したことがないようなそんな言葉は、なかなか言えるものではない。それでも、今、目の前で甘えている子ども、暴言を吐き暴れているように見えて実は悲しみを表現している子どもを、そのまま受け入れてもいいのだ、ただただやさしい言葉をかけても大丈夫なのだということをこころに留めておくことができれば、それだけでもずっと状況は改善する。子どもが幼かったときの写真や動画を見返すのもいいだろう。

逆に、どうやって子どもを黙らせようか、暴れる子どもをどうやって諭して「いい子」にしようかと、そのような教育的な姿勢で親が向き合うと、子どもの怒りはますますエスカレートする。それは、そのような親の方針に従ってきたために、自分本位な部分、自己主張をしたい部分がずっと抑えつけられることになったと、子どもが無意識に感じているからだろう。

ずっと抑えてきたわがままな部分、まず自分を優先する部分、甘えたいだけ甘えようとする部分を、いろいろな形で表して、親に受け入れてもらうことで、子どもはこれまで育て損なってきたことを補っていく。まるで補習を受けるかのように成長していく。泣き叫んでもかんしゃくを起こしても、それでも親は自分を見捨てないということを体験して、「自分はこのままでいい」という確信を抱いていくのである。

子どもが退行したそもそもの目的はここに、すなわち、親に甘えて自分をそのまま受け入れてもらうという体験をすることにこそあったのだろうと、面接での親子のやりとりからは感じさせられる。

甘えている子どもは自分自身だと思ってみる

親の側の問題についても触れておく。

子どもの退行の問題で相談に来る親には、下に弟や妹がいたり、自分の親が病気であったりして、子ども時代に「いい子」でいるしかなかったケースが多い。子どもの頃に親に甘えて、受け入れてもらえた経験が乏しい。そのために、自分の子どもの甘えも受け入れることが苦手だったり、とくに上の子に甘えられると、怒りや拒否を感じやすかったりする。

そのような親には、子どもの退行は、親である自分自身のためでもあると考えてみることを勧めている。甘えている子どもは、自分自身なのだと思ってみるのだ。幼かったあの頃、甘えたかったけれど甘えられなかった。その自分が今、目の前にいて、子どもとなって親に（自分に）甘えている。親に甘えることを、今度は親の立場で、こころは自分の子どものなかに溶け込ませて、体験してみるのである。

思いっきり甘やかしても大丈夫。目の前の子どもは自分自身なのだから。どんなに甘やかしたって、ダメな子になんかならない。あのとき自分がそうしてほしかったように、存分の愛情を、メッセージを、子どもに伝えてみよう。

※1……ナンシー・マックウィリアムズ（成田善弘監訳）『パーソナリティ障害の診断と治療』創元社、二〇〇五年

コラム③ 家に帰りたい——ある認知症患者さんの看取りの経験

予防注射、Mさんの帰巣本能

幼い子どもの予防接種。自分のために受けないといけないと頭ではわかっていても、からだが怖がってなかなか大変である。看護師さんや親に押さえつけられて、泣きながら受けることになる子もいる。母親も押さえる側に回っている場合には、「ママ～！」と泣くことができない。そういう場合に私が一番よく聞いた子どもの声は、「いや～！　おうちかえる～！」である。安全な場所に戻りたいという必死の叫びはこころに響く。

家に帰るということでもう一つ。友人のMさんに面白いクセがある。彼はお酒はあまり強くないが、飲み会は好きだ。いつもより飲むペースが早いな、というようなときは要注意である。彼はある程度酔ってからは、トイレに行くとたいていの場合、そこから店を出てそのまま家に帰ってしまうのである。私も何度か家まで付き添ったことがある。上着もカバンも店に置いて、一目散に家に帰ってしまう。ただし、それは徒歩帰宅が可能な近所の飲み会のときであり、電車に乗ったりタクシーを拾ったりして帰るところは見たことがない。

ある年の忘年会で、Mさんがトイレに行ったので注意していた。私も飲んでいるので注意力が落ちている。帰ってこないので見にいくと、いない。店の外に出てみると、スタスタと夜道を遠ざかっていくMさんの姿。冬の寒さのなか、上着もなく、店の名前の書かれたゴムサンダルを履いている。すごい速足である。やっと追いついて声をかけると、「大丈夫！」と言う。まっすぐ前を見据えたままで、こちらを見もしない。たぶん誰が話しかけているかわかっていない。赤信号ではちゃんと止まる。信号が変わると迷いなく突き進んでいく。自宅のマンションに着き、エレベーターのボタンを押し玄関へ。奥さんも慣れていて「いつもすみません」と言ってくださる。Mさんはそのまま廊下に寝てしまう。翌日には、飲み会の途中からの記憶はない。

意識が朦朧となっていても、家にはしっかり帰れる。上着も財布もスマホも靴も置き忘れていくが、途中で信号は守る。エレベーターのボタンは押し間違えない。一目散に家を目指すMさんの姿からは、帰巣本能（この状況に使う、正確な用語ではないだろうけれど）という言葉がいつも思い浮かぶ。こころの仕組みの深いところにある「家に帰る」という思いが、アルコールで理性の制御をとかれて、むくむくと出てくるのであろうか。Mさんには飲みすぎないように勧めている、転んで怪我をしたり事故にあったりしてはいけないので。

認知症の人も家に帰ろうとする

認知症の患者さんの徘徊にも、「家に帰る」という思いが関係していることをよく経験する。ある女性の認知症患者さんは、夜になると家を出ていこうとする。どこに行くのかと問う夫に、「家に帰らせてもらいます」と答える。どこの家へ帰るのか聞かれると、「お母さんの家に」と答えるのである。自分の生まれ育った家が、彼女にとって「私の帰る家」なのだろう。この女性の場合は、両親の写真や、子どもの頃の彼女が両親と一緒に写っている写真を家に飾るようにして、今の家が自分の家であることをわかってもらうようにすることで、徘徊の症状が改善した。

認知症の患者さんの診察で、見当識の確認のため、「家族は何人ですか？ それは誰と誰ですか？」と問うと、「両親と兄貴と私で四人です」などの答えが返ってくることは多い。親の年齢を問うと、五〇歳ぐらいとか、四〇歳ぐらいなどと答えられる。本人は七〇代や八〇代であるにもかかわらずである。そういうときに「それでは年齢が合わないでしょう」と指摘した場合の反応は、その人の認知症のレベルによってさまざまである。人によっては、自分の年齢を思い出し、おかしいなと気がついて、親の葬式のことなども思い出せる場合がある。話題が何だったかも忘れてしまうような人だと、「何が合わないのですか？」と問い返されることになる。また多くの患者さんで、何でもよく覚えていて正しく答えることができる調子のいい日もあれば、質問の理解も覚束ないほど調子の悪い日もある。応答の正確さは変動するのが普通である。

昔の夢を見て、目が覚めた後、「今、自分は何歳だったかな？　夢に出てきた祖父はまだ生きているのだったかな？」と寝ぼけてぼんやり考えるようなことは、誰しも経験があるのではないだろうか。認知症の人で短期記憶に問題のある場合は、慢性的にそのような状態を体験していると考えられる。今の自分の状況を理解できるためには、新しく起こった出来事の記憶を常に取り入れて、記憶全体をアップデートしていく必要がある。しかし新しいことが覚えられなくなってくると、今がいつなのか、自分はどこにいるのか、自分や家族の状況はどうなっているのかなどがあいまいになり、わからなくなる。すると、なんとなく覚えているところまで時間が遡っていくのだろう。

認知症で末期がんのUさんの往診

「家に帰る」という自分の意思をはっきりと主張して、自宅で最後まで過ごされた患者さんのことを紹介したい。家族の方の変化も印象的で、深くこころに残っている体験である。

十数年前のこと。Uさんという認知症の八〇歳の男性を往診するようになった。Uさんは小柄だが、こちらをまっすぐに見て大きな声で話をされる堂々とした感じの人だった。

Uさんの妻も認知症だった。お二人とも症状は短期記憶の障害と見当識の低下だった。同居している息子さん夫婦の見守りのもと、日常の生活に関してはほとんど自立して暮らしていた。

往診に至るまでの経過は次の通りである。一年ほど前からUさんには時々腹痛があった。少しずつ体重も減ってきたため、かかりつけ医から紹介されて、ある総合病院で胃や大腸の内視鏡、腹部CTなどの検査を受けた。その結果、胃がんが判明した。入院して手術を受けたが、開腹した時点で腹膜播種（腹腔内にがんが散らばっている状態）が見つかり、胃がんの切除は行われなかった。

今日では病名の告知はなされることが当然であるが、当時は一般的ではなかった。息子さんは主治医と相談して、胃潰瘍で手術をするとUさんには説明していた。手術の結果についても、がんであることは言わず、胃潰瘍で手術をした、痛みの原因はできるだけ取り除いた、というような説明にとどめた。

病名を告知しなかった理由は、認知症があるUさんには、末期がんという現実を受け止められないだろうし、ますます食欲を失い、生きる意欲もなくしてしまうだろう、と息子さんたちも医師も考えたためであった。また妻も認知症であるため、夫ががんであるというショックや、弱っていく夫を近くで見ていくことには耐えられないだろうと息子さんたちは考えていた。

往診にうかがうと、Uさんはハキハキと話してくださるが、毎回お腹の痛みについて質問した。「なんでまだお腹が痛むんやろうか？　手術もしたのに……」と。家族は、「まだ手術をしたばかりやから」などと答えてなだめているとのことだった。奥様も「こんなに痩せて大丈夫でしょうか？」といつも心配そうに尋ねられた。

認知症の特徴として、古いことは覚えているが、最近のことは覚えるのが難しい。手術は新しい出来事であるが、お腹の傷跡を見れば手術をしたことはわかる。そのためUさんは「なんで手術をしたのか」「どこでいつ手術したのか」など同じ質問を繰り返し、家族は同じように答えていた。

何度目かの往診で、家族の了解を得て、私はUさんにがんの告知をした。手術をしようとしたけれど、がんが広がっていたのでとることができなかったことを説明した。

Uさんは「そうだったんか」と静かに聞いておられた。家族が心配していたように混乱されることはなかった。食事もとれ、夜にはすぐ眠ることができた。そして翌日も同じように、「手術したのになんでお腹が痛いんや？」と質問した。新しいことは記憶に入っていかないので、それは当然である。

看取りでの一般的な説明

末期がんの患者さんの往診では、少しでも長く心臓が動き続けること（寿命を延ばすこと）ではなく、痛みや苦しみをできるだけ少なくすること、そして本人や家族の望むような時間を過ごせることを目的にする（いわゆるBSC＝ベスト・サポーティブ・ケア）。Uさんは病院が好きではない（ほとんどの人はそうですよね）。息子さんたちは、できるだけ家で過ごしてもらいたいと考えていた。私たちは在宅看取り（最後まで自宅で過ごされる方の支援）もお手伝いさせてもらっていることをお伝えした。しかし、「それはちょっと考えられません。自分たちだけでは、何かあったときにどうすることもできないし、不安です」というのがそのときの息子さんの反応だった。

このような反応は、いわゆる末期の状態にある患者家族の正直な思いである。「夜中に痛がったり苦しがっても自分たちにはどうにもできません」とか、「水を飲ませていて誤嘶して息が止まってしまったら、どうしたらいいのかわかりませんから」など、現実的な不安を話されることが多い。病院であればすぐに手当てを受けられるのに、自分たちではうまく対応できない。そのために、死期を早めてしまったり、本人に苦しい思いをさせてしまったらどうしよう。そういう不安はもっともなものである。

末期がんの方の場合、食べられなくなって水分もとれなくなり、脱水が進む。心臓の働きが落ちて、尿が出なくなる。やがて血圧が下がり、意識レベルも下がってくる。舌の付け根が落ち込んで気道がふさがってきて、呼吸が弱くなってくる。

これは異常な変化ではない。死への自然な経過である。この時点で救急車で病院に運び込んだとしても、実のところできる対応はほとんどない。

このようなことを往診では毎回説明する。それでも、実際にそういう状況がやってくると、ほとんどの人はパニックになる。そうはいっても、知識をもっているかいないかの違いは大きい。

Uさんの家族には、痛みについては、いろいろな内服薬や貼るタイプの麻薬性の痛み止めなどがあり、ほぼコントロールできることや、眠れない苦しみについても内服の睡眠薬があること、内服できなくなっても注射が可能であることなどを説明した。

また、最後まで自宅で過ごすこと（いわゆる在宅看取り）を本人や家族が一度選んだとしても、その決定はいつでも覆すことができることも説明した。自宅で介護を受けるうちに、あるいは介護を続けるうちに、本人や家族の考えが変わることはよくある。また、肺炎や腸炎、それによる脱水など、短い期間の入院治療を受けることで、再び自宅に戻ってある程度の期間過ごすことができると考えられる場合などは、医師から入院を提案することもある。

このような説明を聞いた後、息子さんは、「できるだけ自宅で過ごして、もう家ではどうにもならんとなったら病院でお願いします」と言った。「どうにもならん」とはどういう状態か確認すると、痛がって苦しむとか、何も飲んだり食べたりできなくなったら、というようなイメージをもっておられるようだった。

「わしをこんなところで死なせる気か!」

腹痛については貼るタイプの麻薬性の痛み止めが効いて、Uさんの訴えはなくなってきた。おかゆなどを少量だけ自分で食べることができていたが、その量は徐々に減り、痩せがますます目立ってきていた。最初は二階の寝室で休んでいたが、階段の上り下りが介助をしても難しくなってきた。一階の居間に介護用のベッドを入れ、そこで生活するようになった。トイレまでは手すりを持ちながら、介助を受けて歩いて通っていた。食事は居間につながる台所で食べていた。やがて介助があっても入浴が困難になり、訪問看護師によるベッド上での清拭を受けるようになった。

ある日の朝、いつもよりUさんがしんどそうにしていて、言葉も出せなくなった。午後になっても、食事も水分もほとんどとれなかった。息子さんが熱を測ると三八度を超えていた。

「熱がある。病院に行くか」と尋ねると、Uさんは「行く」と答えた。そこで近所に住んでいるお孫さんたちにも来てもらって、なんとか車に乗せて病院に運んだ。

脱水症状があったので、外来で点滴を受けた。そこでUさんは意識がしっかりしてきた。Uさんは、自分は今どこにいるのかを息子さんに尋ねて、病院で治療を受けていることを説明された。するとUさんは怒って、「わしをこんなところで死なせる気か！」と怒鳴ったという。

息子さんや家族は、Uさんが、自分がもうすぐ死ぬことを「知っている」ことに驚いた。Uさんは何かを「知らされて」もすぐに忘れてしまうので、正確には「わかっている」というべきだろう。

Uさんは「入院はしない。家に連れて帰ってくれ」とはっきりと言った。家に帰った後、Uさんは長男である息子さんと次男に対して、遺産の分配についての自分の考えを話し、自分が死んだ後の妻の世話をよろしく頼む、と話したという。認知症があるUさんが自分の死んだ後のことをしっかりと考えていたことに息子さんたちは驚いた。

翌日、息子さんが相談に来られた。「父は認知症なので、自分が死ぬことを受け入れられないだろうと思っていました。でも、ちゃんと考えていました。そのことに驚きました。あれだけはっきりと考えて話せるのなら、父の思いをできる限り尊重してやりたいと思います」と話した（付け加えると、Uさんはそのような話をしたことも当然忘れてしまう。遺産分けの話や「妻を頼む」ということを、翌日以降も息子さんたちに何度か話した）。

Uさんは水分をとる量が減っていき、脱水が進んでいった。やがて声が枯れて話すことができなくなった。聞くことはできていた。テレビやラジオの音も聞いていた。

Uさんから何か言いたいときは、チラシの裏に鉛筆で書くというスタイルだった。

往診のたびに感じたのは、家のなかの雰囲気の変化だった。Uさんの死が明らかに近づくにつれて、家のなかはどんどん朗らかになっていったのである。はじめの頃の往診では、医師や看護師が主導する感じがあった。家族はただ質問し、こちらの指示に従うだけだった。家のなかには暗い、重苦しい雰囲気があった。

しかし、Uさんが「家に帰る」と宣言し、息子さんが家で看取る覚悟をしてからは、家族が主導する感じに変わった。私たちは依頼された用事をするためにやってきた職人という感じであった。家のなかにはいつも子どもや孫、親戚の誰かがいて、にぎやかだった。朗らかな笑い声が聞こえて、これは祝祭の空気だなと感じたのを覚えている。

人が亡くなるのはもちろん悲しい、淋しいことではある。しかし、いずれ誰もが死ぬのであり、そのなかで、Uさんのように高齢まで生きて、自分の家で身内に囲まれて最後の時間を思い通りに過ごせるということは、とても幸福な、贅沢な亡くなり方だと私は感じた。

Uさんは最後まで陽気な方だった。亡くなった日の朝に往診したとき、Uさんが私に示した紙には「きのうはみんな会いに来てくれたから、もう死ぬんやと思ってたのに、今朝起きたらまだ生きとる、なんでや」と書かれていた。読み終わってUさんの顔を見ると、ニコッとされた。

まもなく亡くなるというのに、そのことにユーモアをもって向き合えているUさんの姿に私は感動した。その数時間後にUさんは、多くの家族に見守られて息を引き取った。

Uさんの奥様も立派だった。はじめの頃は痩せていく夫を見て、「大丈夫でしょうか」といつも心配していた。最後の数日は「苦しくはないのでしょうか」と尋ねていた。死亡確認の後では「お世話になりました」と言ってくださった。

認知症だからこそ死としっかり向き合えた

医師も家族も、認知症があるUさんやその妻には、末期がんということや死ぬということが受け入れられないと考えた。しかし、Uさんはしっかりと死に向き合って、自分らしい最期を迎えられた。死に向き合う力は、人間の能力のなかでとくに根源的で、本質的なものなのではないか。そしてその一部は、具体的には「自分が安心できる場所に帰ろうとする力」として観察されるのかもしれない。

息子さんにこの文章を読んでもらった。息子さんは懐かしそうに、当時の思い出をいろいろと話してくださった。たとえば、亡くなる二、三日前、家族でバラエティ番組を見て笑っていたら、居間の隅で横になっているUさんが、指をチョキの形にして手を振り始めた。それは「ふざけた番組を見るな！　NHK（この地方では2チャンネルだった）に変えろ！」というサインだと家族はすぐにわかった。そんな感じで若い頃からずっと頑固で真面目な父でした、と息子さんは話された。

そして真剣な表情になって、息子さんはこう言われた。

「自分も去年、がんの手術をしたんです。今のところ再発はないけど、なんにせよ、そのうちに寿命はきますから。親父のことがなかったら、死ぬということがどんなことか、まったく知らないままだったと思います。死ぬってどういうことか、どうやって死んでいくのがいいのかということを、親父はああやって見せてくれた。だから、自分もなんとかうまいこと死ねるような気がしています」

コラム④　悩む力と老いること

「先生、カルテの画面が……」

地域の診療所で外来診察をしていると、高血圧や糖尿病など慢性疾患の患者さんを診ることが多い。夫婦一緒に通院される方もある。

八〇代のTさんとその奥様は、いつも仲良く一緒に入ってこられる。夫婦ともに認知症で、短期記憶に問題がある。近所に住んでいる息子さん家族の見守りやヘルパーのサービスを受けながら、お二人で自立して暮らしている。

さて、いつもはTさんが先で奥様が後、という順番で診察を受けられるのだが、その日はなぜか奥様が先に診察椅子に座り、Tさんはななめ後ろの椅子に座った。私はいつものように、先にTさんの電子カルテを開いて待っていた。その日は急に入院することになった患者さんの紹介状を準備したり、他院と連絡を取り合ったりと、バタバタしていた。また通常よりも患者さんが多く待っておられて、私は少々焦っていた。

そのためか、奥様を診察しているのに、Tさんのカルテ画面を開いたままだった。そこには「体重五五kg」と表示されている（Tさんの体重）。奥様のいつもの体重よりかなり軽めなので（それは覚えていた）、「少しお痩せになったんですね。ダイエット、順調なんですね」と奥様に声をかけた。ふだん、奥様は六〇kgぐらい、Tさんは痩せていて五五kgぐらいのお二人である。

奥様はにっこりして、「そうなんですよ。この頃、食べるのを控えて頑張ってるんです」と言う。作話症状（記憶が不確かでも、本人は意図せずに適当につじつまを合わせて話してしまう症状）があり、何でも話を合わせてくださる。続いて、カルテに記載された当日の血液検査結果を見ると、だいぶ痩せたはずなのに、糖尿の指標となる数値は悪化していた（それもTさんのデータ）。Tさんは軽い糖尿病があり治療中である。奥様は糖尿病ではない。

私は内心、「あれ？　この人は、治療するほどの糖尿病はなかったはずだけど……」などと思いながら、「でも、糖尿は気をつけないといけませんね。数字が上がってきていますよ」と言った。奥様はまたにっこりされて、「この頃、つい食べ過ぎてしまうんです」とさっきとは逆のことを言われる。「え？　さっき、ダイエット頑張ってるって言ったのに？」と、私はさらに混乱してしまった。すると看護師さんが横から、「先生、カルテ画面が違ってますよ」と教えてくれた。私はようやく、Tさんのカルテを見ながら奥様の診察をしていたことに気がついた。

私が奥様にそのことを謝ると、Tさんが奥様に「こら！　アンタが先にそこに座るから、先生が間違えはるんや！」と言って、お二人は席を替わられた。そこで、私はそれまでに書き込んだ記録文面をカットして（切り取って）、奥様のカルテ画面を開き、そこにペーストした。

今度は前にTさんが座っていて、カルテは奥様の画面である。それなのに、また私はそこに表示された体重を見て、「おや、六〇kg。Tさん、ちょっとむくみましたか？」と聞いてしまった。Tさんは心不全があり、悪化するとむくみが出て体重が急に増えるのである。私の問いかけに対して、Tさんは「困ったなぁ」という顔をして、手で頬をさすり出す。「そういえば、このところ、むくんできましたなぁ。顔も足もすごくむくんでます」などと言いつつ、ズボンをめくって足を見せてくれる。しかし、顔も足も全然むくんでいない。Tさんも作話があり、何でも話を合わせてくださるのである。

「おかしいな、五kgもむくんだとは思えないけど、どうなってるんだろう？」と内心ますます混乱しつつ、（まだ奥様のカルテの数字を見ながら）「でも、糖尿はだいぶよくなりましたね、もう薬もいらないぐらいですね」と言うと、「ええ、近頃は甘いものも全然食べてませんよ」とTさんがまた話を合わせる。奥様が後ろから「そんなことないですよ。この人、おまんじゅうとかしょっちゅう食べてますよ」などと言う。

そこで看護師さんが、「あのぉ、先生、カルテがまた……。今度は奥さんの画面になってます」と教えてくれた。私はようやく気持ちを落ち着けて、お二人に謝って、初めからやり直した。お二人はいつものように笑顔で出ていかれた。

高齢者の生活イメージ

診療所では、地域医療教育のため、地元の医科大学に協力して、毎年一週間ほど実習の医学生を受け入れている。実習にくる大学生は二〇代前半。彼ら彼女らのほとんどは核家族で育っているため、身近に高齢者がいない。そのため、たとえば七〇代前半の人や八〇代後半の人はどのようなことができて、どのようなことができないのか、そして実際にどのような生活をしているか、といったことはほとんど知らない。かくいう私も、子どもの頃に祖父母と同居していたにもかかわらず、祖父母の生活について、子どもの視点からしか捉えられていなかった。どうやって病院に行っていたのか、買い物はどうしていたのかなど、医学生の頃はまったく知識がなかった。

日常生活活動度（Activities of Daily Living：ＡＤＬ）とは、人が生活を送るために行う活動の能力のことである。そのうち手段的ADLとは、買い物、食事の準備、服薬の管理、金銭の管理、交通機関を使っての外出といった、より複雑で多くの動作が求められる活動をいう。これに対して基本的ADLとは、移動、トイレの使用、食事、着衣、排泄といった、基本的な日常生活での動作能力をいう。

日本老年医学会のホームページ（https://www.jpn-geriat-soc.or.jp/tool/tool_03.html）では、診察でよく使われるADLの評価法（質問紙など）や、それぞれの評価・検査における各年代の平均点などを見ることができる。ただ、評価点数だけを見ても、日常的に高齢者に接していない人にはわかりにくいかもしれない。

以下は、日常の診察を通して私がもっているおよそのイメージである。

心不全や脳血管障害、また骨や関節の病気といった身体機能の深刻な問題がなければ、七〇代半ばぐらいまでは、五〇〜六〇代と同じようなことができている。たとえば、がんの治療を受けながら仕事を続けている人もたくさんいる。体力や記憶力はもちろん低下していくが、それでもたとえば海外旅行、車を買い替える、家の修理を依頼するなどは主体的にできる。時間は多少短くするとしても、現役の頃と同じような業務をしている人もいる。また、娘のお産を手伝いに数週間家を離れて娘宅に滞在したり、孫を自宅に預かるといった支援をしている人（おもに女性）も多い。

八〇歳前後になると、老いの影響がみられるようになる。遠くに出かけることは可能でも、その後で疲れが長引いたり、体調を崩したりするようになる。それでも、昼間であれば車の運転をする人は多い。スマホやパソコンを使って情報を得たり、チケットを予約したりする人もいる。フィットネスクラブに通ったり、ウォーキング、買い物や掃除もできている。しかし、いろいろなことが七〇代の頃のように簡単にはできなくなったと多くの人が嘆かれる。

八五歳頃になると、年金や保険の書類の提出、家電の説明書の理解、公共料金の契約・支払いなどが、だいぶしんどくなってくる。できないわけではないとしても、億劫になってくる。地域活動などへの参加も負担が大きい。それでも、定期の通院や食料品の買い出しなどは、車や自転車に乗って、または歩いて自分でできる人が多い。この年代で通院に家族が付き添っている人の多くは、脳血管障害の後遺症があったり、認知機能が低下していたりといった場合である。独居の場合は、戸締りは自分でできるが、夜間に一人でいることの不安を訴えることがある。

この年代で独居していた人が、ケアハウスなどの施設に入居すると、それまでの家事の負担（掃除や買い物、食事準備など）から解放され、また常に見守りがある安心感が得られることで、疲労や不安が大きく減少することが多い。険しかった表情がぐっと明るくなるケースもよく経験する。しかし、施設に入居することへの抵抗が大きい人や、一人で気ままに暮らすことへのこだわりのある人もまた多い。そのような人にとっては、施設での生活のほうがストレスが大きい場合もある。

九〇歳になっても、元気な人は、いわゆる基本的ADLは保たれている。家族の手助けを得て国内旅行に出たり、衣服や家電を買いにショッピングセンターに行く人もいる。しかし、食事のための買い物を自分でしたり、友人を訪ねて電車で出かけるなどは難しくなってくる。室内の移動でも転倒すれば骨折しやすい。そして、短い期間の入院であっても、からだを動かさないことによる筋力の低下が起こる（いわゆる廃用）。結果として、移動などの能力がぐっと落ちてしまう危険は常にある。

認知症と診断される状態ではなくても、短期記憶や判断力、注意機能の低下は、八〇代の後半頃から多かれ少なかれ生じてくる。それまでできていたことができなくなる、ものを失くして探すことが増えるなどは、認知機能の低下を反映している。それでも、「元気な超高齢者」などとテレビや新聞で紹介されるような人もたくさんいる。そのような人は、たとえば認知機能の検査でもほとんど減点がない。

九〇歳近くになってくると、診察に家族が付き添ってくる人が多い。一方で、通院、診察での質問、説明の理解、服薬管理や診察の予約、ときには検査を受けるといったことを、すべて自分でこなして通院している九〇代の人も少なくない。

九〇代後半から一〇〇歳を超えると、他人への関心はよい意味で薄れていき、自分の生活の一日一日をしっかりと生きること（起きて、食べて、話して……など）それ自体を、やりがいのあることと感じて、明るく生きておられる人が多い印象である。

しっかりしているがゆえの悩み

九〇歳の女性Aさん。二〇年ほど前に夫を亡くしてから、ずっと一人で一戸建ての住宅に住んでいる。車で三〇分ほどのところに娘家族が住んでいる。娘からは一緒に住もうと言われているが、まだ世話になりたくない。一人が気楽なので、このまま暮らしたいと頑張っている。

買い物も掃除も自分でやってきた。二年ほど前から、水まわりの掃除のときに苦しくなることが何度かあった。苦しいと感じているときに診察すると、不整脈が起こっていた。軽い心不全によるものと考えられた。身体的な負担を減らすために、介護保険の利用を勧めた。それまでにも何度か勧めたのだが、他人が家に来ることをよしとされなかった。また、自分でできるのに他人様にお願いするなんて申し訳ない、と断っていた。

ようやく介護保険の申請をして、週二回ホームヘルプのサービスを受けるようになった。

すると身体的にはだいぶ楽になった。しかし、今度は不安症状が強くなってきた。もともと心配性で、不安の強い性格だったが、年齢とともに悪化してきた。そこで、不安が強いときにはデイサービスやショートステイを利用するようにして、他の人が近くにいる状況で過ごせる形を提案した。ショートステイで施設に泊まると、戸締りの心配をしなくてよいこと、近くに誰かいてくれることで、とても安心して過ごすことができた。

しかし、ほかの利用者のことが気になってしまう。大きな声を出して怒ったり、食事のときにこぼしたり、職員に無礼な態度をとったりといったほかの利用者の行動を見ていると、Aさんはとても嫌な気分になると言う。「認知症なんやから。悪気があってやってるんじゃないから。それはわかってるんやけど、それでも、そういう人を見てたらしんどいねん。自分もそのうち、ああなってしまうんやろうと思うから。こんな思いをして、あそこにいるぐらいなら、一人で自分の家にいるほうがましやと思う」と嘆かれる。

Aさんと同じ年代の多くの人は、自分の身の回りのことをするのも大変であり、他人のことを気にする余裕がない。また、他人が自分のことをどう思っているかについても、そんなに気にならない。時間的にも空間的にも、今のこと、目の前のことが関心のほとんどを占めるようになってくる。そのために、ある意味で前向きに、楽観的に暮らせている。家族や他人の支援も素直に（抵抗が少なく）受け入れることができる。

しかし、Aさんは認知機能がよく保たれている。そのために、いろいろなことができなくなってきたことや、この先も起こるであろう変化を正確に感じて、それを心配することもできてしまう。しっかりしているがゆえに、本人も他者からの支援を受け入れたがらない傾向があるし、家族や周囲の人間も支援を提案しづらい。

やがていつかは、記憶力や思考力、そして不安を感じる力も弱まってくる。そうなると悩みからも解放される。診察では同じ話が繰り返されるようになってくる。それとともに、その人らしさが失われていくように感じられて、お会いしていると淋しさも感じる。しかし、そうやって人は楽になっていくようである。老いることや死ぬことにも、そうして向き合えるようになっているのだろう。

「しんどければ横になろう」と思えた

九〇代の女性Bさんは夫を一〇年ほど前に亡くし、七〜八年前にケアハウスに入居された。食事の準備や片づけ、掃除は施設でやってもらえる。洗濯は自分でしている。身の回りの基本的なことはみなできる。娘さん家族が市内に住んでいて気にかけてくれているが、本人もバスやタクシーで買い物に行き、また友人に会いに外出もされる。

化粧もきちんとされていて、髪の手入れや服装もおしゃれである。あるとき、髪が短くなっていたので「散髪に行かれたんですね」と私が言ったら、すかさず看護師さんから「先生、女性には『散髪』じゃなくて『カット』ですよ!」と注意された。Bさんは苦笑いされていた。話の繰り返しなどもなく、新しいことに興味ももっている。

八〇代の頃、Bさんは毎年のように、春から初夏にかけて、気分が沈み不安が強くなる傾向があった。不整脈や手の震えなどが気になり始めて、そのことが頭から離れなくなり、専門医への紹介を希望することも多かった。深夜に動悸や息苦しさを感じて救急搬送されることが何度もあった。

八〇代後半になってからは、そのような不安症状の訴えは減っていった。それでも春から初夏には、食欲低下や肩こり、腰痛などに悩んでいた。その都度、希望に応じて胃薬や湿布薬を出していたが、このような症状が出始めると、外出どころか自室から出るのも気分的にしんどくなっていた。

九〇歳を過ぎた頃からは、そのような訴えは減っていった。今年は春以降、二週ごとの受診ではいつも笑顔がみられていた。

「前よりも気楽になれました。以前は、からだが悪くないのに昼間から横になるなんて、どこか罪悪感があって、できませんでした。でも、もう十分いい歳なんだから、いいんじゃないかと。誰に気兼ねすることもないんだから、しんどいときには寝ていようと。ようやくこの頃、そう思えるようになったんです。お昼の後は一時間ぐらい横になっています。そうしたらからだが楽です」

きちんとしようとするこころがけは、ずっとBさんの支えであったと思われる。今でも自分の生活を整えて暮らしているのも、そのこころがけの賜物なのだろう。「きちんとしていないとダメだ」という価値観は、それを教えた人たちみんながこの世からいなくなった後も、Bさんを支えもし、また縛ってもいた。九〇代になってようやくそこから解放された。「もういい歳だから、しんどいときには寝ていようと思えるようになった」というその言葉には、こころを動かされずにおれなかった。

長生きすれば誰もが過ごす老いの時間

認知症にならないためにはどうしたらいいですか、という話題は診察でいつも出てくる。食事や生活習慣をこんなふうに変えると、認知機能の低下を遅らせることができる、とかなんとか。そういう話題ばかりがテレビや新聞に登場し、人々の関心も高い。

でも、遅かれ早かれ、認知症になろうとなるまいと、誰もがいずれ認知機能は衰える。重要なのは、認知症状の有無にかかわらず、老いの時間をどうやったら幸せに過ごせるかということではないか。

認知機能が低下して、ほかの人の助けが必要になる頃には、考える力、覚えておく力、悩む力もまた衰える。そのことによって、本人の悩みは減っていく。周囲の人に支えられながら、目の前のことを一つひとつやっていく。振り返ったり、先のことを悩んだりはしない（できない）。そういう時間を生きていくことになる。

一方で、超高齢になっても認知機能が保たれていて、自分のことを自分でできる状態であれば、身体的には大変だけれども、自分らしさを保ちながら、それまでの人生で悩んできたことと同じようなことを悩みながら、暮らしていくことになる。

自分はどちらに近い終盤を迎えるだろうか。そもそもその年齢にたどり着く前に、がんやほかの病気、事故などで亡くなってしまうことだってあるのだ。いろいろな年齢の患者さんと毎日お会いしながら、この先の老いの時間について考えている。

Ⅲ

学校に行かない、ひきこもる子どもと向き合う

10　不登校の子どもに、親が家庭でできること

子どもの不登校に悩む親との面接

この章では、子どもが不登校になって悩んでいる親に対するカウンセリングについて書いてみたい。

私が担当する親面接の大半は、不登校に関するケースである。面接では、家庭での親の子どもへの接し方、コミュニケーションに注目していく。子どもが家庭でリラックスできるよう、子どもにかかわることを目指しながら、子どもと親に生じてくる動きを見守っていく。

すでに書いたように、できるだけ指示の言葉を控えて、家庭で子どもがリラックスできることを目指すのが基本方針である。子どもに指示しないということは、放任することではない。関心をもって見守るのである。

この方針になったのは、次のような経緯による。カウンセリングに携わるようになった二〇年ほど前のこと。不登校の相談に来る親に共通する特徴に気がついた。どの親も、子どもに自分が望むような行動をとらせたくて、あれこれ指示ばかりしていると感じられた。そこで、何人かの親に、次回の面接まで実際に子どもに言ったことをノートに書き出してきてもらった。すると、それらの言葉のほとんどすべてが、子どもに行動を指示したり禁止したりするもの、もしくは確認するものだった。たとえば「もう宿題はやったの？」「テレビはそれぐらいにしておいたら？」「もう寝なさい」などである。一方で、思いや考えを伝え合うような会話はまったくと言ってよいほどなかった。

子どもにしてみれば、次は何を命令されるかと、親の顔を見るたびに落ち着かないことだろう。外でしんどいことがあっても、家庭でリラックスして過ごせれば元気は回復する。元気であれば、多少つらいことや嫌なことに出会っても、我慢したり、上手に逃げたり、立ち向かったりといった対応ができるだろう。しかし外でしんどい目にあっていて、家庭でもリラックスできないとなると、子どもには逃げ場がなくなってしまう。

面接では、子どもに何を言いたくなったか（それはたいてい行動の指示である）、そのとき親はどういう気持ちだったか、それを見つめていく。そして、行動を指示する言葉（＝小言）を意識して控えることができたとき、親のこころに去来する思いを味わう。

行動を指示するということのなかには、相手にこうしてほしい、こうであってほしいという期待がある。親は子どもに期待している(甘えている)自分の気持ちを見つめる。そう説明すると、「じゃあ、脱いだ服は洗濯機に入れてね、と言うことも子どもへの『甘え』なんですか!」というような怒りをあらわにする親もいる。そのような反応も、面接ではとても大切なものとなる。

面接で「子どもへの言葉かけ」をテーマに決めることは、「介在療法[※1]」のような面があると感じている。子どもの問題でしんどくなっているクライエント(親)との、子どもへの言葉かけを介在させた心理療法である。言葉かけに注目するといういわば切り口が決まっていることで、面接の流れが安定しやすい。また、面接が深くなりすぎる(たとえば、親自身のこころの問題を扱っていく)のを防ぐことができるという特徴もある。自身の問題で苦しんできた親をカウンセラーのもとに来させることが子どもの「問題」の目的だったのではないか、と思われるようなケースにもよく出会う。子どものことはいったん置いて、親の問題、たとえば抑うつなどに取り組まねばならないこともある。しかし、まずは苦しんでいる子どものことに取り組みましょう、と話し合って、そうすることが私の場合には多い。

この面接の目的は、子どもへの接し方を親が見直して、子どもを楽にすること、そうやって今起こっている問題に向き合うことだと時々確認しつつ、面接は進んでいく。

親のせいだというつもりはない

面接の初めに、繰り返し強調しておくことがある。それは、親の接し方が原因で子どもが不登校に〝なってしまった〟と私が考えているわけではない、ということである。

実際のところ、原因はわからない。それはいくつもあるかもしれない（たいていはそうである）。そして、もし原因らしきものの見当がついたとしても、それをすぐに取り除いたり対処したりできるとは限らない。また、子どもに（もしくは親にも）、自閉スペクトラム症などの発達の偏りがありそうだと考えられるケースに、不登校の相談ではよく出会う。そのような場合、子どもは学校生活で苦痛を感じながら過ごしてきている。ある意味で、親が「正しく」接してきたからこそ子どもは早くに不登校になれた、そして、こころが傷つく状況から逃れられたといえるだろう。

子どもが不登校になった原因はわからないが、原因が何であろうと親にはできることがある。それは、家庭で子どもがリラックスして過ごせるようにこころがけることである。具体的には、小言（子どもに行動を指示すること）をできるだけ控える接し方を目指していく。そうすることで、子どもが家庭で親から受けるストレスはぐっと減る。学校の先生や友だちのかかわり方など、ほかの人間が関係することは、親がただちにはどうにもできないことが多い。だから、まずは親が自分で頑張ればすぐにできることにしっかり取り組んで、事態がどうなるか見てみましょう、というわけである。

不登校への偏見に立ち向かう

面接では、「不登校に〝なってしまった〟のような、親が無意識に口にする否定的な言葉に、私はしつこくこだわる。

今まで、ずっと苦しい状況にあった子どもが「学校に行かない」という決断をして、勇気をもってそれを実行に移した。そして、ようやく苦しみから逃れるために動くことができた。子どもにとっては（そして親子、家族にとっても）悪いことが起こったのではなく、むしろよいことが始まったのである。

不登校になれたからといって、子どもの状況が「よくなる」かどうかはわからない。そもそも、何が「よい」のか「悪い」のかも簡単にはわからない。しかし、少なくとも子どもはSOSを周囲に発することができた。その結果、こうやって親が面接に来ることができている。親の知らないところで子どもが一人で苦しんでいる状況から、子どものために親も動くことができる状況に変化した。これは、間違いなくよいことである。そのよいことは、子どもの勇気ある行動、不登校からもたらされたのだ。

親が子どもの本当の味方になるためにも、ここは避けては通れないところである。だからこそ、不登校について親が語るときの否定的な言い回しや偏見に対しては、私は自分のしつこさに本当にあきれるほど食い下がって確認し、子どもを弁護することにしている。

グズグズ、ダラダラも大事な表現

これは自分の子どもの話である。子どもの一人が小学三年生頃のこと。口には出さないが、彼は担任の先生が好きではないようだった。忘れ物が増えた。持ち物をよく失くして、探し回ったり買い直しにいったりした。朝も玄関でグズグズしている。一回履いた靴を脱いで、また紐を結び直してと、なかなか出発できないようだった。前はきれいだった宿題のプリントの字も汚くなった。

どこまで意識しているかはわからないが、これは「学校に行くのが楽しくないよ」という表現の一つだったのだろう。もしかしたらその表現は、朝起きられなくなるとか頭が痛くなるなどの身体症状や、クラスメートとケンカしたり、不注意な怪我をしたりといった行動の問題へと発展していく可能性もあったかもしれない。

「グズグズしないで早く行きなさい」とか「前の日に持ち物を確認しといたほうがいいよ」のような小言を言うことによって、表面的な問題は解決できるかもしれない。しかし、結果的に、奥にある問題に気づけなくなってしまう可能性もある。「グズグズ、ダラダラ戦法」が子どものSOSの表現であった場合、それを子どもは引っ込めねばならなくなるからである。

そういう場合、たとえば「どうかしたの？　この頃、なんかしんどいの？」というような声かけのほうがよいだろう。小言を控えるとか、夕食のおかずを子どもの好物にするなど、家での元気が回復するようなかかわり方が、遠回りなようで、実は効果的だと考えられる。わが家の場合はまさにそうだった。

不登校という決断を過小評価しない

子どもの決断や行動への、おそらく無意識の「過小評価」についても、その気配が感じられたら面接では必ず確認する。

ある不登校の男子中学生のケース。「うちの子は意気地がないんですよ」と父親が言った。そこで、不登校は意気地がないのにできることではない、ということを話し合った。

私自身が学校に行くのがしんどかったときのことを、今でも覚えている。私には休む勇気はなかった。みんなと違うことをするのは、かなり大変なことである。それでもそうせざるを得ないとすれば、その子どもはよほど追い込まれていると考えるべきだ。

不登校の状態にある子どものなかには、「自分はもう生きていても仕方がない」とか、「消えてしまいたい」などと思っている子も少なからずいる。そこまで追い込まれた彼ら彼女らが、なんとか自分を守る行動を思い切ってとれたことを、親は決して過小評価するべきではない。たとえ周囲の人間全部が敵に回ったとしても、親は子どもの勇気を信じて味方にならなくてはいけない。それが、安全な家で自分を守ろうと思ってくれた、親を信じてくれた子どもへの誠実な姿勢だと思う。

「息子さん（娘さん）は、自分の家は安全だ、親は自分を守ってくれる、自分の味方だ、そう信じているからこそ、学校に行かないという決断ができたんですよ」という言葉は、必ず何度も伝えることにしている。

「何も変わらない」という発見

小言を控えることで、新しい発見がもたらされることもある。

小学五年生の女子の母親。娘は不登校ではなかったが、母親の言葉によると「全然意欲がなくて、何も自分からやろうとしない。何から何まで私が注意しないと動き出さない」。指示の言葉を控えるという方針に、母親は最初強い不信を示した。「それだと学校にも行けなくなる、それどころか、たぶんご飯も食べないし、お風呂にも入らないと思う。そうなったら先生は責任とってくれるんですか？」と言った。

では、一週間だけやってみてはどうかと私は提案した。何年も状況は変わっていないのだから、一週間ぐらい小言をやめても大したことはないでしょう、と。この提案を受け入れたとき、母親はどこかほっとしたような表情になった（ように私には見えた）。

翌週の面接、母親は意気揚々と入ってきた。「すごくいいことがありましたよ。娘は、なーんにも変わってません」と笑顔で言った。何も変わっていないことのどこが「いいこと」なんだろうか、と私は思った。

「先週、ここを出て家に帰ってから今朝まで、いっさい小言は言いませんでした。そうしたら、大発見がありました。あんなに朝から晩まで何年も言い続けていた小言を、完全にやめたんですよ。それなのに、あの子は何にも変わってないんです。娘が何かをし始める時間は本当に一分も変わりませんでした。朝起きる時間も、着替え始める時間も、食事を始める時間も、お風呂に入る時間も、寝る時間も。ということは、私の小言は無駄だったということですよね。何も言わなくても同じなんですから」

言っても言わなくても同じなのだから、小言は言っても無駄だとわかった。そのことが母親の言う「すごくいいこと」だった。

行かせようとしたり、休ませようとしたり

叱ったり、なだめたり、ご褒美でつったりして、なんとしても学校に行かせようとしていた親が、今度は「もう行かなくていい」と、急に逆のかかわりをすることがある。これも不登校が始まってまもない時期によくみられる。「行きたいけれど行けない」という子どもの不安や葛藤に寄り添うことに、親が耐えられなくなっているのである。一〇〇か〇かのような姿勢である。

「学校なんて行かなくてもいいと、私が思えたらいいんですが」とか、「学校なんて行かなくてもいいと、頭ではわかってるんですが」などと面接で口にする親もいる。これも、指示の言葉を控えて見守ることとはおよそ異なる姿勢である。「学校なんか行かなくていい」という言葉は、子どもに行動を指示している。

子どもにとって学校は、とても大切な経験をする場所である。そのこともしっかりと話し合う。「学校に行かなくていい」と考えているのではない。勉強するだけではなく、仲

間と過ごすこと、社会的な経験、成長のためにも、学校での時間は大切である。子どもは、（明確に意識できてはいなくても）それをよくわかっている。わかっているけれど、何かの理由で行かれなく（行かなく）なっている。

無理に行かせようとしないことは、行動を指示せずに、子どもの自発的な動きを待っためであって、「学校は行かなくてもいい」と考えているからでは決してない。

クヨクヨして動き出せない子どものこころに付き合うことは、とてもしんどいことである。親もしんどくなってしまって、「もう行かなくてもいいや」と先にあきらめてしまうのは無理もないことだ。面接では「まあそう言わずに、家でリラックスできたら子どもがどう考えるか、焦らず待ってみましょう」と親を励ましながら、子どもに、そして親子に生じてくるこころの動きを楽しみに待ってみるのである。

二重の命令、「好きにしていいよ」

ずっと子どもにうるさく指示をしていた親がそれを控えるようになると、しばしば発してしまう言葉がある。それは、二重の命令の形をした次のような言葉である。

「行きたかったら行ったらいいし、休みたかったら休んでいいよ」

この言い方は、一見、指示ではないように思える。しかし、実はたくさんの指示が含まれている。行きなさい、休みなさい、そしてそれを（私に指示されて）決めなさい。これもまた、待つことができない姿勢をはっきりと示す声かけである。この二重の命令は、食事や入浴、着替えなど、生活のいろいろな動作を促す声かけとして多発する。

そして、このパターンのもっと進んだ形が「好きにしていいよ」や「自分で決めていいよ」である。これも会話のなかでよく出てくる。「子どもが自分で決めていいのなら、何も声かけをする必要はないのでは？」と私が聞くと、「でも、言ってもらわないと、子どもは、自分の好きにしていいのかどうかがわからないのではないですか？」と言う親が少なくない。あたかも、子どものデフォルトの状態が「親の指示待ち」であるかのようだ。「今からしばらく指示が出ませんよ」というアナウンスが必要だと、指示し続けてきた親は感じるのである。

「好きにしていいよ」「自分で決めていいよ」という言葉は、「好きにしなさい」「自分で決めなさい」という指示である。もっと言えば、「私が気に入ることを何かやりなさい」という指示である。

そのような声かけには、子どもの行動の結果ばかりに親が囚われているという問題がある。今、動き出せなく（動かなく）なって、子どもが向き合っている課題は、自分のために自分で動き始めること、その力を身につけることである。その手始めとして、今まで親から言われて従ってきたことを拒否しているのかもしれない。何をするか・しないかではなくて、どう動き出すのか・動き出さないのか、そこに関心を向けて、極力邪魔をせず、しかし無視するのでもなく、「そこにいる」という困難な課題に親は向き合うのである。

「子どもの話を聞く」とは

不登校の小学六年生女子、その母親との面接。

指示の言葉を控えるようになって、しばらく経ったときのこと。朝、母親が仕事に行こうとすると、娘が玄関に見送りに出てきた。それは初めてのことだった。そして母親にぽつりと「なあ、行かんとって……」と言った。しかし休むことはできなかったので、母親はそのまま家を出ねばならなかった。

母親は面接で尋ねた。「娘の言うように、仕事を休んで、家にいてやったほうがよかったでしょうか。でも、急に休むわけにはいきませんし。いっそ仕事をやめてしばらく家にいたほうがいいのでしょうか。どうしたらいいでしょうか」。

この母親も、子どもにかける言葉は、かつては指示や命令ばかりだった。「話を聞く」

ということは、「命令に従う」こととほぼ同じだった。だから、「指示を控えて、今度は子どもの話を聞きましょう」と言われると、それはすなわち「子どもの命令を聞く」ということになってしまう。

「どうしたらいいでしょうか」という質問は、どう行動したらいいかということである。面接では、ただちに行動するのではない「聞き方」もあることを話し合った。「行かんとって」と娘から言われた場合に、「ただちに仕事を休むかどうか」を悩むのではなくて、子どもの思いを受け取って、こちらの思いを返す、そういうやり方はいくらでもある。「え？　どうしたの？」と聞き返すのだって、子どもの言葉を受け取ったうえでの返し方の一つである。「一人でいるのは淋しいやろうね」とか、「ごめんね、急に休むことはできないけど、できるだけ早く帰ってくるね」なども可能である。

できることなら、今まで口にしたことのなかった「行かんとって」という本音を、玄関まで出てきて話してくれたことに感謝するのがよかっただろう。「あなたの気持ちを話してくれてありがとう。そうやって話してもらえて、とても嬉しい」と。「どうしたらいいでしょう」ではなく、「何もしない」という在り方に親が気づいていく。そのようなかかわり方をしてもらえることで、子どもは元気になっていく。

「問題」をすぐに解決しようとせず、子どもの不安を受け止める

小学一年生の男子。「学校に行くのが怖い」と言って数日休んだ。「学校に行きたいのなら、一緒に行ってあげるよ」と母親は子どもに言った。そして子どもは母親と一緒に登校するようになった。

「行きたいのなら、一緒に行ってあげるよ」は指示のつもりではなく、提案だったと母親は言う。しかし、親の気持ちを推しはかるやさしい子であれば、そのように言われれば、「母さんは僕に学校に行ってほしいのだな」とすぐ気がつく。その意味で、「行きたいのなら、一緒に行ってあげるよ」は、「一緒に行ってあげるから、学校に行きなさい」と同じである。

それは、子どもから「学校に行きたいんだけど、怖いから、母さん、一緒に行ってくれない？」と頼んでくるのとは全然違う。この場合は、子どもからの動きであって、親からの指示ではない。しかし親には、その微妙な違いがもつ大きな差がわからなくなっている。

子どもは、数日間は母親と一緒に登校したが、登校を促すのをやめると行かなくなった。しばらくして、自分から「明日は学校に行ってみようかな」と言い出した。次の日はその子の好きな図工の授業があった。「でも、『なんで休んでたの』って友だちに聞かれたらどうしよう」と不安そうに子どもは言った。母親は想定問答集を作って、子どもと練習をし

たという。結局、次の日も子どもは登校しなかった。

子どもは自分の不安を口にしただけなのに、親はどうやってその不安を取り除くか、ただちに行動してしまっている。これでは、不安になるたびに、親にどうすればいいかを教えてもらわねばならず、いつまでたっても親のいない学校は怖いところであり続ける。

どうにかしてあげたいのはやまやまであるけれど、目の前の子どもの不安に寄り添ってみる。立ちすくんでしまった子どもが、どういう方向に動き出すのか、先に進まずに近くで見守ってやる。そのような向き合い方によってこそ、即効性はなくとも、この先の子どもの人生で本当に役立つ力が育つ。

このケースではその後、すぐに子どもの「問題」をなんとかしようとする自分の気持ちを意識しながら、親は頑張って子どもに向き合った。しばらくして、「学校怖い……。でも今考えなくてもいいか、今考えても仕方ないし」と子どもが言った。それを母親は、今度は受け止めることができた。子どもは「怖い」と言っているだけであって、「怖いからなんとかしてほしい」とは言っていない。何かをするのではなく「ただそこにいる」とは、そういうことである。子どもの不安を感じながら、そこにいる。

その後、夏休みが終わり、新学期が始まった。こころの準備をして母親は待っていた。子どもは自分から母親に「明日、学校についてきてほしい」と言った。翌朝、学校まで送っていくと、校門まで来て子どもは母親に言った。「母さん、ここまででいいよ。五秒ぐらいここにいたら帰っていいよ」。そして振り返らずに学校に入っていった。親としては胸が詰まるような淋しい別れであるが、子どもには希望の旅立ちであったろう。

コントロールを手放すこと

小言をあきらめること、それは子どもへのコントロールを手放すことであり、親にはなかなかつらいことである。いろいろと小言を言うことが、関心であり愛情であると感じていた場合はとくにそうだろう。「そんなふうにしたら、子どもは親に見捨てられたと思うのではないでしょうか?」、そう尋ねる親も多い。もちろん、それは違う。見捨てるのではない。関心をもって見守るのである。（可能な範囲で）おいしい食事を準備し、快適な居場所や衣服を準備する。子どもはそれらが魔法でなされているとは思っていない。そこに親からの愛情を受け止める。

望ましい（と親が考える）行動の指示は、「あなたはこうすればもっとよくなるよ」というメッセージを含んでいる。それは反面、「あなたはそのままではダメだよ」という意味をもつ。逆に、行動の指示をしないこと、もしくは「今日はあったかいね」などと思いだけを伝えることは、あなたはそこにいていい、そのままでOK、というメッセージを暗に送っているのと同じである。

漫画『夜廻り猫』[※2]のなかで、飼い猫の宙さんが、飼い主（先生）に世話をしてもらいながら、申し訳なさそうに「猫は役に立たないね」と言う。それに対して先生が言う。「一番役に立ってるさ。いつも機嫌がいいじゃないか。それでこちらも居心地いいのさ。自分がここにいていいって、一日に百回も認めてもらっているようなものなんだ」。

望ましい方向に導いてやることも親の大切な役目である。子どもは親から教えられたものを身につけて、先の人生を生きていく。「どうすればいいか」を学ぶわけである。一方で、「どういればいいか」も、子どもは家庭で親から学んでいく。「あなたがいることは私の幸せだ」とばかりに、そばにいて子どもが何もしなくても親は機嫌よくしている。そのような親の態度、在り方から、それは子どもに伝わる。子どもは「自分はこのままでいいんだ」「ここにいていいんだ」という安心感を身につける。

子どもへの言葉かけに焦点を当てた介在療法によって、指示の言葉が多すぎた（「どうすればいいか」に偏りすぎていた）親が、面接で支えられながら子どもに伝えるのは、この「どういればいいか」なのではなかろうか。

先日、ある地方の町に講演に行った。五年前にも一度その町で講演したことがあった。

内容は毎度同じで、子どものそのままを受け入れて見守ることの大切さ、贅沢さについて話す。前回も来てくれたという方が、講演の後で会場からコメントをくださった。最後にその方の話を紹介して、この章を終えたい。

「当時、中学生の息子が不登校でした。私と夫はなんとか学校に行かせようと四苦八苦していたのです。でもあのとき講演を聞いて、子どもを動かそうとするのをやめました。そこからほとんど三年間、子どもは家からも出ないような暮らしでした。その後、自分で通信制の高校を見つけてきて通い始めました。今年から大学生になって、家を出て一人暮らしをしています。夏休みに帰ってきたとき、子どもが私たちに言ったんです。『あの三年間、何も言わずに僕を家にいさせてくれたやろ。あの三年間のおかげで僕は人間になれたんやと思う。ほんまにありがとうな』って。それを一言報告したくて、今日は来ました」

※1……衣斐哲臣編『心理臨床を見直す〝介在〟療法―対人援助の新しい視点』明石書店、二〇一二年

※2……深谷かほる『夜廻り猫』四巻、講談社、二〇一八年

11　家族はゆっくり変化する

前の章では、不登校の子どもの親面接について書いた。基本方針は、親に指示や小言を控えてもらい、家庭で子どもがリラックスできることを目指す。そして、子どもの元気が回復して自発的な動きが出るのを見守る。結果として再登校する(再登校できるではない)場合もあるが、それが目標というわけではない。子どもにも親にもいろいろな変化が起こり、家族全体が変化する。そのことが子どもの不登校の理由だったのかと思われることも多い。

指示や小言を控えるという方針は、非常にシンプルであるが、いつもすんなり受け入れられるわけではない。子どもに問題があるから(学校に行かないから)、それを「直す」ために相談に来たのに、なんで自分が変われと言われなければいけないのか。そういう疑問は、多かれ少なかれ、どの相談者ももつ。

方針は受け入れた、しかし変われない

まず、クライエントが方針に納得しなければ、面接は続かない。続けてカウンセリングに通ってくるということは、少なくとも方針を受け入れるつもりはあるはずである。しかし親は、現実の場面で子どもに向き合って、すぐその方針通りに行動できるわけではない。学校への行き渋りのある小学四年生の男の子（Aくん）の両親と面接を行っているケース。母親からのメール。

夏休みの宿題に、息子はまったく手をつけていません。たとえば、「宿題、もしお母さんがやってもいいなら、やらせてくれない？」などと頼んで、一応提出できるようにしておく、というのはありでしょうか？　なしでしょうか？

夏休み明けのことが気が気じゃなくて、「二学期はどうするつもり？」って聞いてしまいそうです。そんなことは頭から排除しないといけないのでしょうけど、難しいです。やっぱり、何にも聞いちゃいけないんでしょうか？　本人が抵抗するなら、無理に学校に行かせないほうがいいんでしょうか？　しつこく説得するようなことはし

ないほうがいいのですか？　今も迷っています。

これに対する私の返信。

親が子どもに望ましいと思うことをさせる、たとえば子どもが抵抗しても無理に行かせるとか、そういうことをしたいと思っているのなら、そうすればいいのではないでしょうか。それでうまくいけばいいのですから。でも、もし、そのやり方でうまくいかないと感じて、専門家に相談しようと覚悟が決まったら、専門家の方針に従うのがいいと思います。それが親としてできることではないでしょうか。せっかく相談に来ても、その方針を活かせなければ、時間やお金の無駄ではないですか。

私がこのような言葉を返すのは、まずは親が自分のかかわり方の問題を認めること（つまり、子どもに指示をして思い通りに動かそうとしても、どんどん悪くなるばかりであると受け入れること）、そして、覚悟をもって今までと違うやり方に取り組むことが重要だと考えるからである。ほとんどの親は、子どもを導こうとする自分のクセにすでに気づいている。そのようないわば過保護なかかわり方が、子どもの自立を阻んでいるだろうことも十分にわかっている。それでもどこかで「自分の子どもにはこのようなかかわり方が必要なのだ」と感じて、これまでやってきている。

ある意味で、小言に依存している。その依存によって、親は何らかの利益を得ている。たとえば、一時的に不安から解放されているのかもしれない。これは、孤独や不安から逃れるための嗜癖と同じ側面をもっている。依存してしまっているので、たとえ「子どもの自立の邪魔になるからやめなさい」と言われたところで、あっさりと捨てることはできない。

「うまくいかなかったら、どうしてくれるんですか」

「先生の言う通りにしたら、本当にうまくいくんですか?」は、よく発せられる大切な問いである。それに続けて、「小言さえ控えたら、うちの子は本当に学校に行けるようになりますか? もし、そうやっても学校に行けなかったら、そして、一生ひきこもりになってしまったら、先生は責任を取ってくれるんですか?」などと、強い言葉で問い詰められることもある。

まず、「先生の言う通りにしたら」は聞き流せない部分である。「言う通りにしたら、子どもが学校に行く」と信じたから、指示に従った。それなのに全然そうならないではないか、という不満が、すぐにも出てきそうである。はっきりと書けば、「(子どもが学校に行くか行かないかを含めて) 結果はどうなろうとかまわない、その方針でやってみて、自分たちに起こることをすべて受け入れる」という覚悟がなければ、この先の試練には耐えられない。自分で選んで、結果も自分で引き受ける覚悟が大切なのだ (ただ実のところ、私はやってくるものが試練だとは思っていない。多くの家族にとって、この先起こるさまざまな出来事は、新たな冒険のようなものだと思っている)。

そして「本当にうまくいくんですか？」である。その親が想定している「うまくいく」とは、どういう状況であるかを尋ねる。その点を話し合っていく。前の章でも書いたが、もしも子どもにとって学校生活がとても苦しかったのだとしたら、そこから脱出する行動が取れたことは、ある意味で「うまくいった」のではないか。ただ学校に戻ること (もとの苦痛に戻ること) は、「うまくいく」ことなのか。それは誰にとってどのように「うまくいく」のだろう。そのようなことをしっかり考えていく。

次のような質問は、私のほうからしばしば投げかける。

「逆に私のほうが気になりますが、指示をしないという方針で、この先進んでいくことができますか？　子どもは今までいろいろと抑え込まれてきているようですから、『うまくいった』として、家で暴れたり、昼夜逆転になったり、ゲーム漬けになったり、そういうことは起こり得ます。それは、『うまくいった』場合にです。これは脅しでも何でもないのです。それでも、続けられますか？　生兵法は大怪我のもと、みたいなことにならないか、それが心配です。覚悟が決まってから取り組まれるほうがよいように思えます。そこはどうですか？」

これは一度きりで済むやりとりではない。面接室では納得して帰っても、子どもに接したり、ほかの人から話を聞いたり、ひきこもりの人がかかわる犯罪のニュースを見聞きしたりするたびに、このやりとりは何度も繰り返されることになる。

また、「うまくいかなかったら、先生は責任を取ってくれるんですか？」などとはっきり言える人は、実はまだましである。「やるからには覚悟を決めよう」という思いがしっかりあるからだ。それよりもずっと危険なパターンがある。それは、小言を控えて子どもが元気になってくると、「これならもう学校に行けるはず」とばかりに、以前のやり方に戻ってしまうことである。子どもは十分元気になったと親には見えるので、「再登校させる」ために、まずは昼夜逆転を「直そう」とか、遅れた勉強を「取り戻させよう」などと、また昔のように指示を始める。それはまるで、骨折がようやく治りかけたところなのに、また負荷をかけて同じところを折ろうとしているようなものだ。やっと親に開きかけた、世の中に向き合おうとし始めた子どものこころを、まともに裏切ることになる。子どもは本当に絶望してしまうのではないか。面接をしながら、そういう恐怖を感じることが少なくない。

まずは親をねぎらう

子どもが学校に行かなくなることは、親にとっても大きなストレスである。子どもの不登校を価値下げしたり、否認したりしている（たとえば「あの子はちょっと怠けてわがままを言っているだけだ」などと、深刻なことではないと思い込もうとしている）親であっても、子どものしんどさに共感している親であっても、苦しい時間を過ごしていることに変わりはない。

学校に行かなくなった子どもに対して、それまでにいろいろな働きかけをして、どうしようもなくなって相談に来た親に対して、まずは他人の力を借りようとした勇気や決断をねぎらう。自分のために、そして子どものためにも、苦しい状況から逃れるための行動を取れたことへの敬意を伝える。それは、子どもの不登校を勇気ある行動として大切にすることと同じ構造をもっている。不登校という形でSOSを発信した子どもを、親が受け入れる。その気持ちに敬意を払う。同じように、相談に来ることができた親の勇気や決断を、カウンセラーとしてしっかりと認める。

面接に通い始めたある母親が、「カウンセリングに行き出したと娘に伝えたら、『そんなふうに他人に頼らないとやっていけないのは弱いからだ、情けない』と言われた」と話したことがあった。このとき、こちらから子どもへのメッセージを伝えてもらった。「自分のこころを守るために、誰かに助けを求められることは弱くない。すごく強い。自分と子どもを大事にするために相談に来るのは、とても勇気のいること」。その次の面接に、子どももついてきた。家を出ようとしたら、「ついていってもいいか」と子どもが聞いてきたという。子どもは何も話さなかったが、「この人を楽にしてやってよね」と言われたように私は感じた。カウンセリングが始まってしばらくして、こちらの仕事ぶりをねぎらうように、子どもが会いにきてくれる。そういうことが時々ある。

親が子どもに小言を控えるように、カウンセラーも親に小言を控える

子どもに指示をしない、小言を言うことをあきらめる、手放す。そうしたほうがいいと思いながらも、実際に子どもを前にするとできない。面接に来て、できなかった自分を懺

悔する。「あの子が喜ぶことをするのもダメなんですか？　友だちに遊びにきてもらうようにするとかも、してはいけないんですか？」などと、こちらに必死で許可を求めるように尋ねる親がいる。

このような「質問」は、質問の形をとってはいても、その本質は親の嘆きである。自分はこんなにも苦しみながら、今までの自分を変えようとしている。この苦しさがあなたにはわかりますか、という訴えである。

Aくんの母親とは次のようなメールのやりとりもあった。

〈母親〉知人が誘ってくれたので、なかば無理やりに、Aを知人の田舎の家に預けることにしたんです。Aは、初めは行くと言っていましたが、直前になって「やっぱり行きたくない」と言い出しました。なだめたり叱ったりして、なんとか行かせました。でも、そこそこ楽しんで帰ってきましたが、無理に行かされたと不満も言っていました。でも、「楽しかった夏休みの思い出」という宿題に書いた三番目が「友だちの田舎の家に行ったこと」だったんです。なんか難しいなあ……と思いました（いや、私が間違っていたのはわかっているのですが）。

〈私の返信〉無理に行かせたことは「間違っている」けれど、子どもが「楽しかった」と書いているんだからよいところもあった。だから「難しい」と思っているのでしょうか。でも、楽しかったかどうかは関係ないと私は考えています。「無理に行かせた」ことが、すべてです。それは、たとえばテストでカンニングをして、いい点を取ったようなものです。カンニングは間違っているけれど、いい点だったから難しいです、とは言いませんよね。誰からも強制されず自分一人で過ごして、淋しかったり退屈したり、自分で選んでどこかに出かけてつまらなかった、つらい思いをした、そういうことこそ大切だと思います。それは、無理やり行かされて楽しい、とは全然別の大切さなんです。「楽しい」とか「人生の役に立つ」とか「人間的に成長する」というのは、Aくんが元気になるためのかかわり方とはまったく別の話です。でもたぶん、これまでの流れからしても、そこが伝わらないのだろうと感じます。

カンニングの喩えは、読み返してみると厳しいなと感じる。なかなか小言が控えられない母親に、カウンセラーがいらついているのである。「なぜできないのか！」と。このような理屈の説明は、結局あまり役に立たない。クライエントは、本人が書いている通り、自分の声かけが間違っていることはすでによくわかっているからだ。「よく頑張って通ってこられていますね」と励ますほうが、さらによいのは、そう思いながら何も言わずに聴いているることが、Aくん親子の幸せには役に立つだろう。

こちらがいろいろとアドバイスしたくなっていることは、クライエントも感じている。何を言われるかも、言われる前からわかっている。それでも、カウンセラーはアドバイスせずに自分を受け入れてくれた、話を聴いてくれた。そういう体験を、クライエントは何十回も積み重ねていく。

結局、面接で伝わるのは、知識ではなく、姿勢なのかもしれない。いろいろ思うところはあっても、まずはそのままの相手を受け入れる姿勢、悩み苦しみつつも受け入れようとする姿勢なのではなかろうか。それは、あなたならできるよ、そう信じているよ、というメッセージでもあるだろう。

そうやって、自分が受け入れられた体験をもちつつ、家庭で子どもに接していくうちに、親もまたそのままの子どもを受け入れられるようになるのかもしれない。

小言を控えることで、コミュニケーションが変わってくる

小言を控えることのよい点は、「自分が子どもに話そうとしていることは指示や命令で

はないか」と親が意識するようになるところである。そして、これまで無意識に垂れ流していた小言を吟味する習慣が身についていく。

再びAくんのお母さんのメール。

昨日の朝、Aと二人のとき、彼がふいに「勉強もだいぶしてないからなぁ」と言いました。私はつい、「えっ、勉強なんてすぐ追いつくよ、六年間休んでいても、二ヵ月勉強したら追いついた人もいるらしいよ。全然大丈夫！」と励ましてしまったのですが、通勤途中で、「あれ？　なんかこういう話をどこかで読んだな」と思い出しました。第一志望の大学に落ちて、「自分はもう生きていてもしかたない」と言い出した高校生に、母親が「今からでも時間はたっぷりあるんだから、頑張って勉強したらいくらでもいい大学に入れるよ」と言ったという話です。励ましているようで、きつい命令になっている。

それで、家に帰ってから「Aが全然勉強なんてできなくても、いてくれるだけで十分だよ！　お母さんはAがいてくれてめちゃくちゃ幸せだよ」と話しました。そして「Aはいろいろ心配なんだよね、そりゃそうだよね！」と伝えました。

友だちが誘いにきてくれても学童に行かないAに、思い切って聞いてみました。「学童は自由で学校よりいいかなと思っていたんだけど、やっぱり嫌なのかな？　どうしてなんかな？」。するとAは、「だって、何か言われるから」。そこで、「じゃあ、フリースクールは？　学校に行ってない子ばかりだから、何も言われないし聞かれないよ」と言うと、「そんなの行くくらいなら学校のほうがまし」と返ってきました。

「でも、家で一人でずっとゲームをしているのはよくないと思うんよ。このままずっと、大人になっても家にいるって、できないじゃない」と私が言ったら、Aは黙ってゲームを始めました。

「こんな話はしたくない？　嫌だったかな？」と聞くと、Aはポタポタと涙を落としました。それで慌てて謝って、「お母さんの話のどこが嫌だった？」と聞いたら、Aは「大人になって家におったらいかん、っていうとこ」と答えました。

Aの泣き顔を見るのは久しぶりで、声をあげずに涙だけ、というのも初めてで、彼を傷つけてしまったのもショックだったし（喜ばせることばかりしようと誓っていたのに！）、やっぱり当分外に出ていくのは無理なんだな、と再認識させられました。

クライエントはそう感じていないかもしれないが、このようなやりとりからは、明るい光が差し込み始めていると、私には感じられる。こうした変化は、親が小言を控えてコミュニケーションを意識し始めるとさまざまな形で生じてくる。こころの世界のなかで、これまで行ったことのなかった場所に、親も子どもも足を踏み入れ始めている。このような変化こそが、「小言を言わなかったら、うまくいくんですか?」という問いのなかにある「うまくいく」についての私のイメージである。親が、ただ子どもに「ああしろ、こうしろ」と言っていた状態から、お互いの気持ちの対話が始まりつつある。

それでも、変化はゆっくりとしか起こらない。「うまくいっているな」と思っても喜びすぎず、「また逆戻りだ」と感じてもがっかりせず。自分の気持ちに任せて話しすぎて、クライエントの時間を奪ってしまわないように。きちんと相手の話を聴こうとし続ける。それがカウンセラーとしての自分に求められていることだ。

12 働くことがつらくなる
――仕事を休んだ子どもと、親の役割

おかしい子どもが増えてきた？

十数年前、ある子どもサッカーチームのコーチからこういう話を聞いた。

「ここ何年かで、子どもがどんどんおかしくなってきた。きちんと挨拶をしない。世話をしてもらっている大人への尊敬の態度がない。何度注意しても直らない。昔はそんな子どもは一〇人に一人ぐらいだったのに、今は半分以上がそんな子ですよ。変な時代だ」

その数年後、同じ人とまた話をした。

「この頃は子どもだけじゃない。親もおかしくなってきています。前は言わなくても通じたような話がほとんど通じない。そんな親の子どもが、まともになるはずがない。注意しても何を注意されているか、わかってない。子どもも親も、もうおかしなのばっかりだ」

彼が「まとも」な子と言っているのは、お世話になっているコーチの言葉を正しい姿勢で聞けて、一度言われたらすべてしっかり覚えておき、必ず言われた通りにできる。そういう子のようだった。

「おかしな」子どもや親が増えたという見方は、固定された位置から出てくるものだ。しかも、その固定された位置は時間が経ってもいつまでも正しい、そういう確信をもっている場合のものである。ある意味、天動説だ。一方で、社会の変化に影響されながら、自分の位置（考え方、価値観など）も変化していく人であれば、一方的に相手が「おかしい」という評価はしないだろう。

時代がおかしくなったと嘆くこの人が感じていたのは、コーチというものの「権威」が薄れていく変化であったのだろう。

滝川一廣は著書『学校に行く意味・休む意味』[※1]において、一九八〇年代以降の不登校急増の理由の一つを、学校の権威の喪失にあると考察している。

「権威」とは、個々の教員がりっぱな資質をみせることや、ましてや偉ぶることで生じるものではありません。学校をたいせつなもの、教師をその学校をあずかるたいせつな者とみなす社会のまなざしがあり、そのまなざしを子どもたちが意識的・無意識的に取りいれることで、子どもたちへの「権威」となるのです。しかし、八〇年代以降、社会はそのまなざしをなくしたのですね。権威とすべきものを失った児童生徒は教室内での欲求やフラストレーションを制御できず、教室の秩序がもろくなりました。

学校や教師の「権威」が失われたのと同じように、スポーツ指導者のそれも変化したはずである。それは昨今の指導者による暴力の問題とも関係があるだろう。自分が子どもの頃に指導者に抱いていた、いわば揺るぎない敬意を、指導者になった今、子どもから得られない。そのことへの焦りや不安を否認しようとして、怒声や暴力に頼らざるをえなくなっている指導者は大勢いるのだろう。

不登校の増加と若者の離職の増加

近年、若い世代の休職・離職の問題で多くの相談を受ける。そこには不登校とよく似た構造があるように私は感じている。

上に引用した本のなかで、滝川は不登校の要因として四つを挙げているが、そのうちの一つが「個人の欲求や個人意識の拡大が公教育の集団システムをストレスと感じさせる度合いをひき上げたこと」である。ほとんど同じ構図が、若い世代の仕事の問題にも当てはまる。子どもたちは、あくまでも昔と比べてであるが、それなりに個性を大切にされて育ち、自分を大切にすることはわがままではなく当たり前のことなのだと、ある程度考えることができるようになってきた。そうやって大人になってきた彼ら彼女らが、働き始めて旧態依然とした「労働の集団システム」に出会ったとしたら、ストレスを感じる人の割合が増えるのは当然のことであろう。

無理をすれば登校し続けられないわけではないが、そうすることは自分の幸せにつながらないと直感した子どもが学校から離れる選択をする。そうして不登校が増えるのと同じように、無理をすれば働き続けられないわけではないが、それは自分の幸せにはつながらないと感じた若者が仕事から離れていく。

さて、ではこのとき、親はどのように感じ、どのように子どもに接するだろう。不登校の子どもに対して、「とにかく学校には行け！」と、目の前の問題を見えなくしようとする（いわば現実を否認する）態度が以前はよくみられた。さすがにそのような親は減ってきているがそれでも、私を含めてほとんどの親は、わが子が不登校になりそうであれば、「やっぱり学校には行っておかないと、みんなと同じようにしていないと、将来が心配だよ」と考えるであろう。

そのような親の意見と、「いくら将来が心配でも、もう、今、こんなに苦しいことを自分は続けられないんだよ！」という子どもの気持ちがぶつかり合っている。辛抱して学校に通い続けて、みんなと同じように就職したとしても、やはり同じような苦しみに出会うことになるだろう。

競争が好きではない、やさしくて大人しい子、積極的に他人と交わるのが苦手な子、たとえばそういう子は、仕事の内容によっては、ストレスを強く感じるだろう。では、それはわがままなのか。間違っているのか。生きていくためには、しんどくてもつらくても、その仕事に耐え続けなければいけないのか。できあがったレールから外れることは、たとえそのレールにガタが目立ってきているとしても、間違ったことなのか。「そんな甘いことを言っていたら、誰も働かなくなってしまう」のだろうか。

ここでは、子どもが仕事を続けるのがしんどくなったときの親のかかわりについて考えてみたい。

仕事を休んだAくん

知人から息子さん（Aくん）のことで相談を受けた。

Aくんは理系の大学院を出て、ある大きな企業の技術系の職についた。人員不足で仕事が大変な部署にいる。「他人が上司に叱責されているのを聞くのがだんだん耐えられなくなってきた」と、Aくんは少し前から親にこぼしていた。そしてある日、職場で過呼吸発作を起こした。その後もしばらく頑張って出社していたが、一週間ほど前に風邪で高熱を出し、休んだところから出社がつらくなり、その後はずっと休んでいるという。上司からは心療内科で診察を受けるように勧められている。

就職したばかりの頃、Aくんは、「小学校低学年以来、封印していたキャラクターを頭の隅から引っ張り出して人と接しなければいけないのでしんどい」と話していた。その封印していたキャラクターとは、「何か人に言われたら、何でもただ『はい』と返事をする従順な対人スタイル」のことだとAくんは説明した。「基本的に自分は人間が嫌いなんだと思うが、それでもこれまでずっと懸命に適応しようとしてきた」とAくんは父親に話した。

自分の子どもには、しんどくない人生、苦しみの少ない人生を過ごしてほしいと、親は願うものである。しかし、現実の世界で生きるということは、何をするにしても、ある程度のしんどさや、苦しみをともなう。

たとえば、しんどいからといって、学校に行かないとか、就職しない、仕事をしないとすると、やがて、経済的にも精神的も、追い詰められていくことになるだろう。そのような困難な状況に陥らないためには、いろいろと「しんどい」行動をすること、とくに経済的に自立するための努力などは、どうしても必要になってくる。そのあたりを子どもはどう考えているのか、親としては、子どもの見通しを心配するのは当然である。

「この先どうやって生きていきたいのか?」と父親に尋ねられて、「競争に巻き込まれず、穏やかに、のほほんと生きていきたい」と、Aくんは真面目に答えた。笑いながら冗談交じりに、ではなく、それが本当に願っていることだと話したという。

働くのは食べていくためなのか

日本が発展途上国から先進国(今が一応それだとして)になっていく頃まで、つまり高度成長期からバブルの頃までは、子どもを経済的に自立させることは、子育てで最も重要な目標であった。一方でこころのほう(満足、幸福感、生きがいなど)は放っておいてもひとりでについてくる、というぐらいに考えられていた印象がある。

少なくとも、私の育った田舎ではそうだった。子どもが何かが上手である場合に(たとえばリコーダー、習字、歌、スポーツなど)、「それでくていけるな(それで食べていけるね)」というほめ言葉がよく使われた。とくに祖父母世代の人たちは、しばしばそう口にしていた。食い扶持をどう稼ぐか、給料をどうやってもらい続けていくか(「食べていく」という表現には継続のニュアンスが含まれている)ということである。それが子どもが大人になっていくうえで達成するべき、当時の、そしてそれ以前もずっと、最優先課題の一つであったのだろう。

しかし、貧困や格差の問題が新たに生じているのも事実だとはいえ、戦後の困窮の時代と比べると衣食住が満たされてきた今の日本では、働くことの意味も変化してきている。食べていくため、結婚するため、家族を養うため、家を買うため、子どもを学校にやるため、といった親世代の働く目的は、子ども世代にとって最優先の目的ではもはやなくなっている。

Aくんの父親は大きな組織の管理的な立場にある人である。今日の若者の就職や人生への向き合い方を、間近でよく見知っている。

「大学でも昔のような『就職課』は少なくなり、『キャリア支援センター』とか『ライフデザインセンター』のように名称が変わっています。ただ就職先の斡旋や紹介だけしていればいい時代ではなくなったと、大学も気づいてきています。『キャリア形成とは、生きていてよかった、と思える道を探すこと』だと同僚から聞いたとき、本当にそうだなと思いました。お金儲けもいいけれどNPOやボランティアも選択肢の一つになる、という流れになっていくのでしょうか」、そう彼は話した。

「生きていてよかった、と思える道を探すこと」。これは、働くことに限らず素晴らしい言葉だ。人生の目標は何か、と聞かれた場合の答えとしても、最適なものの一つであると私は思う。

話は逸れるが、この言葉から私がまず連想したのは、高校の家庭科の先生である南野忠晴さんが書いた『正しいパンツのたたみ方』[※2]という本である。そのなかで、「人はなぜ働くと思うか?」という質問を受けて、授業で高校生たちがいろいろと話し合ったエピソードが紹介されている。生徒たちは、お金のため、名誉のため、楽しみのため、などの答えを出したが、昔であれば当たり前に出たはずの答えが最後まで出てこなかったという。それは「社会のため」という答えであった。そういえば、昔はよく「世のため人のため」というフレーズを聞いたように思う。

時代は変わって、働くのは生活のため、お金のためという考え方ばかりになった。そして今、そうした目的の魅力が薄れてきたことも、若者が仕事から離れ始めた理由の一つかもしれない。時代がまた一回りして、お金のためだけでは仕事に魅力を実感しづらいが、社会のための仕事には取り組みたいと思う若者が、私の周りでもたしかに増えている。

生きていてよかったと思える仕事

Aくんの長所は、今の職場で求められている技術系のスキルではなく国語力だと思うと、Aくんの父親は話した。文章を速く正確に読み取ることに優れているので、復職できたら、いわゆる「文系」のセクションで資質をみてもらえれば、と考えているという。もしこの先、うまく治療が進めば、休職明けに人事と面接をして会社に戻る話し合いがもたれることになる。そのとき、「もう復調しましたからもとの職場に戻ります」という路線の話になるのか、「前の仕事は自分に合わないので、異なる仕事をやらせてほしい」という路線になるのか。後者ではもしかしたら難しい状況に直面するのではないか、と父親は予想している。

「ましてや、生きていてよかったと思える仕事をしたい、などと言ったら、『おまえは何様だ？』と言われるだけでしょう。それは、まだまだ時代が追いついていない発想です。親としては、経済的呪縛からは解き放たれていません。まず子どもが仕事を続けられること、そこが一番大切だと感じています」と彼は言った。

たとえば、子どもが仕事についていない状況で、親が病気になるとか定年を迎えるなどすれば、家族は困窮することになる。それでは「生きていてよかった」からますます遠のくことになるだろう。実際、高齢の親と未就労の三〇〜四〇代（もしくはそれ以上）の子どもが同居している家庭は少なくない。

そのような困難を親はよくわかっている。一方で、子どもはそこまで心配していないように、もしくはわかっていないように、親からは見える。だからといって、将来のリスクを実感できていない子どもに対して、「生きていくために仕方がないのだ」と親が説得して働き続けるように仕向けることにもリスクはあるだろう。反発できるタイプの子どもであればよいが、素直に従ってしまうタイプの子であれば、苦しみながら働き続けることは、抑うつや、最悪の場合、自殺などの危険にもつながりうる。これも残念なことに、毎日のように見聞きする話である。

子どもと一緒に悩む

教育のシステムが時代に合わなくなってきたことで、不登校が増えた。根性なしの子どもや不真面目な子どもが増えたため、ではない。それと同じように、「どう生きるべきか」とか「幸福とは何か」ということの意味が変化してきて、その結果、仕事から離れようとする（続けられないというよりも、続けることを選ばない）人が増えているのではないだろうか。そのような状況で、親は子どもにどう向き合っていくべきだろうか。

現実には、今はまだ理想的な世の中にはなっていない。もしかしたら、いつまでもそうはならないかもしれない。しかし、誰もが「生きていてよかったと思える仕事」につく権利がある、そのように働ける場所があるべきだ、それが世の中の進むべき方向だ、そう信じて子どもに向き合うことは、とても大切なことではないだろうか。

学校システムを拒否する子どもの直感には、いつも何らかの大切な意味がある。不登校の親面接を通して、私は常にそう感じてきた。多くの場合において、望ましい親の姿勢とは、ただ表面的な問題をなくしてしまおうとする（「とにかく学校に行け」と言う）のではなく、子どもにとって、そして親にとっての、不登校の意味を考えてみることである。

同様に考えれば、子どもから「仕事を続けられない」と相談されたときに、望ましい親の姿勢は、「しんどいのは誰でも同じだ。とにかくがまんして仕事を続けたほうがいい」と、考えをただ押しつけることではないはずである。

どのようなところがしんどいのか、続けられない、続けたくない理由は何であるか、子どもの思いによく耳を傾ける。そして必要な場合には、「生きていてよかったと思える道を探し続けることが大切だよ。自分も応援するよ」と勇気をもって励ますことではないか。答えのない問題に苦しむ子どもに寄り添うことではないか。一緒に苦しむことではないか。

生きていてよかったと思える道を探した結果として、苦しくても今の仕事を続ける選択をすることもあるだろうし、よくよく考えたうえで別の道を探すことだってあるだろう。親は経験したことがない、想像もできない時代を生きていく子どもの支えに親がなれるとしたら、そこだろう。

※1……滝川一廣『学校へ行く意味・休む意味—不登校ってなんだろう?』日本図書センター、二〇一二年
※2……南野忠晴『正しいパンツのたたみ方—新しい家庭科勉強法』岩波ジュニア新書、二〇一一年

13 カウンセリングが「役に立つ」ということ

カウンセリングにおける同じ話の繰り返し

かつて所属していたカウンセリング機関でのこと。症例検討会で、自分が担当していたケースについて、「このクライエントは、なぜか毎回毎回、同じ話ばかりするんです」と報告したことがあった。それに対して、出席されていたH先生が、「同じ話のはずがないでしょう」と静かな声でコメントされた。先生の言葉にはいつも重みがあった。二〇年近く前のことだが、こころに残っている。

クライエントが同じことを繰り返し話すこと、カウンセラーがそれを聴き続けることについて、ここでは考えてみたい。

カウンセリングではクライエントが話をして、カウンセラーはそれを聴く。できるだけ口を挟まず傾聴する。クライエントは、話を聴いてもらうために時間や費用をかけてやってきている。聴くことのプロであるカウンセラーにしっかりと聴いてもらう。それによって、一人で考えたり友人に相談したりしたときには得られなかったような気づきが得られる。カウンセラーから有用な助言をもらえることもある。そのようなことがカウンセリングを受けることの目的の一つである。

では、クライエントがいつも同じ話を繰り返すことを、どう考えればよいのだろう。毎回、同じ話を聴かされて、カウンセラーは内容をすっかり覚えてしまう。問題を解決するという目的のためには、同じ話を繰り返すことは、役に立たないのではないか。それは時間やお金の無駄ではないのか。私はときにそう感じることがあった。そこには何か意味があるのだろうか。

クライエントは来たいから来ている

そのような場合に、このまま面接を続けていてよいのか、ということが私の悩みだった。録画した番組を繰り返し見せられているかのように、クライエントは毎回ほぼ同じ話をする。なかには片道二時間以上かけて来られている方もあった。大変な苦労をして通われているのに、それに見合うものが得られているのだろうか。専門家として料金をもらって引き受けているからには、きちんと相手の役に立ちたいと思うのは当然のことである。

このような面接をどう考えるべきなのか。ある症例検討会で報告し、仲間に助けを求めた。たとえば「それは前にお聴きしましたよ」などと介入しなくてよいのか。また、役に立っていないのではないかという不安にどう向き合ったらよいのか。

検討会では、いろいろなコメントをもらえたが、そのなかでとくに印象深かったのは次のようなものだった。

「クライエントは自分の意志で話をしにきている。自分のお金と自分の時間を使って。あなたの面接が役に立たないと思えば、通うのをやめるか、もしくは同じ話をするのをやめるだろう。あなたは、役に立ちたい、自分でなんとかしたいと思うあまり、目の前のクライエントの話から気が逸れてはいないか。過保護になっているのではないか。クライエントの力を信じられていないのではないか。『また同じ話か』と思っても、あなたはそう思っている自分の気持ちを意識しながら聴いていけばいいのではないか」

つまりは、「同じ話をすることが無駄かどうかは、クライエントが決める」ということなのだ。この助言を受けてから、面接のなかでの焦りや、「申し訳ない」という思いがだいぶ減った。そして落ち着いて話を聴けるようになった。

ひきこもりの子どもの相談

クライエントは六〇代後半の親、ひきこもりの息子への接し方について来談。子どもは三〇歳。大学を中退した後、ひきこもりの生活となり、両親と一緒に暮らしている。

こうした典型的なケースでは、これまでの経緯、現在の状況を聴いたうえで、親の不安に寄り添いながら、子どもへの接し方についてアドバイスしたりする。子どもや親子関係に変化が生じてくれば、そのことについても考えていく。そうしていくうちに、子どもが動き出し、ひきこもりの状況が変化することもある。また、子どもに統合失調症などの精神疾患の存在が推測されたり、実際に症状が現れてトラブルとなり、警察が介入するような状況になることもある。精神科受診につながり治療が開始される場合もある。もしくは状況は変わらなくても、その状況に対する親の受け入れが進んで、心理的な苦痛が軽減されることもある。

ところが、そのような動きがほとんどみられないケースもときには経験される。その一つが、「同じ話が繰り返される」タイプの面接である。ここではそのなかでも二つのタイプ、①現在の状況、とくに子どもの生活の様子や言動などについての詳細な報告が繰り返される場合と、②子どもの成長の初期から現在に至る経緯についての語りが繰り返される場合、を紹介する（もちろん実際には、その両方が含まれるケースもたくさんある）。

現在の子どもの生活を詳細に語る

前回の面接から今朝までの子どもの行動が、毎回詳細に報告される。多くは、入室して座るとすぐに「とくに何も変わっていません」など、状況に変化がないことについてまず話される。そこから、手帳やメモを開いて話し始める。たとえば次のような感じである。

「○月○日はいつも通り八時頃起きてきたと思います。コーヒーをいれて、自分でトーストを焼いて。月曜日は私たちが家にいる日なんです。そういう日は昼の弁当も作ります。『このおかずもらってもいい？』とか聞いてきたり。料理が好きなので、自分で作ることもあります。お茶も沸かしてポットに入れて、それら全部を持って部屋に入って夕方まで出てきません。火曜日は、私たちはスポーツジムに行くんです。そういう日はお弁当は作りません。私たちがいないときはキッチンでお昼を作って食べているようです。お皿や道具もきれいに洗って片づけてあります。その日は食材の買い出しに行ったみたいで、冷蔵庫にいろいろ入れてありました。……」

手帳の日付とメモに従って思い出しながら、詳細に子どもの生活が報告される。起こる出来事は些細なことばかりなので、話された内容を書き起こすと、毎回の面接でほとんど同じことが話されているのがわかる。

ケースにもよるのだが、三回目くらいで、面接のはじめにこちらから尋ねてみることもある。「前回も息子さんの行動をくわしく話していただいたのですが、それをこうして聴かせていただくことで、面接に来られている目的に合っていますか」という感じで。

ここはなかなか緊張する。このような質問をすること自体が、「そういう同じ話ばかりを聴いても仕方がないと思うんですが」というニュアンスを含んでいるように（自分のなかにそういう気持ちがあるからなのかもしれないが）思えるからだ。

そのように尋ねた場合の反応はさまざまである。たとえば、「前回もお話ししましたっけ？」と、気がついていない人もいる。また、「先生にアドバイスをもらうために、まず今の息子の状態をよくわかっていただく必要があると思いまして」という答えも多い。「本当は息子に面接に来てほしいんです。でも来ませんから。彼の今の状態を私がかわりにできるだけくわしく話すことで、先生の判断される材料が増えればと思っています」という反応もある。

あるクライエントとの面接で気がついたことがあった。話の途中で、ある部分についてもう少し詳細に教えてもらおうと質問すると、クライエントは説明をしてくれる。また、私が何か助言すると、礼儀正しく「ああ、そうですか、なるほど」などと返してくれる。しかし、そのようなときいつもクライエントは机の上の時計をちらっと見るのである。どうもクライエントは、私の質問や助言を求めてはいないようだ。時計を見るのは、「自分の時間をあなたに無駄にされたくない」という無意識のメッセージに違いあるまい。こちらは「同じ話で時間を無駄にしているのではないか」と感じていても、クライエントは「少しの時間も無駄にしたくない」という思いで面接に臨んでいるようだった（当たり前である、料金を払っているのだから）。

現在の子どもの状況を詳細に報告するタイプの親は、「変わるべきは子どもである」と考えている人が多いように思う。今の子どもの状況は「よくない」ことであって、「正されるべきである」。そのために「子どもは動き出すべきである」とか、「親や世間の考えに従うべきである」というような確信が感じられる。

一方で、それまでの経緯から、厳しい競争のなかでやっていくのは自分の子どもには難しいのではないか、とか、プレッシャーをかけて社会に押し出してもうまくいかないだろう（うつ病や自殺の危険がある、なども含めて）という思いも、ほとんどの親が抱いているようである。間近で暮らしながら悩んだり苦しんだりしている子どもを見てきたのだから、そう感じるのは当然でもある。また、もしそのように感じられない親であれば、そもそも子どもをいたわるような接し方はできないし、子どもも家庭を居場所にし続けることができない（親が子どもを追い出してしまう、などによって）。

話を聴きながら、いろいろな日常の場面でのクライエントの気分が伝わってくることがある。言葉の内容よりも、表情や口調からより多く伝わってくる。たとえば、動き出さない子どもへの不満、その不満を伝えたり話し合ったりできないもどかしさ。自分と比べて子どものことに関心が足りないように思えるパートナーへの怒り、などである。

子どもを目の前にしては表現できなかった思い、味わえなかった感情などが、表面的には淡々と話しているように見えるクライエントから発信される。そのようないわば未消化の感情を、家庭から場所を移して面接の場で再現し、味わうこと、体験し直すこと。そうした点にもクライエントは価値を見出しているのかもしれない。

そして、伝わってくるのは、そのようなネガティブな気分だけではない。子どもとの生活で味わわれる穏やかな思い、幸福な気分などもしばしば表現される。それがこちらに伝わってくる。たとえばそれは、傷ついた子どものこころを思いやるやさしさであったり、ひきこもりの状態を受け入れていこうとする前向きなあきらめ（悲しみもあるけれど、穏やかな、納得のような）であったりする。未来を心配したり、過去を悔やんだりして、そのかげで見過ごされてしまっている今という時間。その今の気持ち、日々の人生を、きちんと見つめよう、味わおうとするこころの動きのようにも思われる。

過去から現在までの経緯を話す

先のように、今の子どもの状況を詳細に話すのではなく、これまでのこと、ひきこもりに至るまでの流れを繰り返し説明するクライエントもいる。

面接のはじめには、最近の様子や出来事が語られる場合もあるが、毎回どこかの切り口から話は過去に向かい、そこから現在までを流れ下ってくる。これを繰り返すのである。たとえば次のような感じである。

「息子は大人しい子でした。勉強は親がとやかく言わなくても、わりとよくできました。どの担任の先生にもよくほめてもらいました。中学では友だちに誘われてブラスバンド部に入ったんです。それまで音楽なんて興味なかったみたいなのに。クラブは子どもに合っていたみたいで、楽しそうにやっていました。(高校受験、高校時代、大学受験……と語られる) 大学の授業が始まってからは、子どもからは何も連絡がなかったんです。夏休み前に、大学から試験を全然受けていないと連絡がありました。下宿を訪ねると、ゴミや汚れた服などで足の踏み場もなく、まともに生活できていないようでした。子どもは反対しましたが休学して、翌年そのまま退学しました。（その後から今に至る家庭でのことが語られる）」

そうするのだと決めているかのように、最初から順を追って話される。ときには、何度か話されるうちに、最後まで進まずに、途中のある部分が詳細に語られて、そこで終わることもある。また、たとえば大学時代から中学の頃に遡って語られることもある。なぜ同じ話をまたするのかを尋ねても、先のタイプと同様で、結局は同じ話に戻っていく。こちらからの質問やコメントを望んでいないという点も似ている。

このタイプのクライエントは、子どもに対するこれまでの自分のかかわり方を後悔している場合が多いようである。ある時点で、もしくは長い経過のなかで、自分の子どもへの接し方に問題があった、それが今の不幸な状況を作ってしまった。あのときこうしていれば今の状態は避けられたのではないか、などと悔いている。それを繰り返して話すことで、何かを確認しようとしているように思える。

あるケースでは、とくに毎回繰り返される話がいくつかあった。それは、「中学のときには楽しそうに運動をしていたし友人もいた」「受験勉強はすごく集中して頑張れていた」「ひきこもり支援の施設に通い出して仲間ができた」「仕事は一日も休まず楽しそうに通っていた」などであった。そのようにとくに毎回繰り返されるエピソードは、いずれも子どもが自立の力を示したことや、仲間と楽しめたことに関係する内容であった。このケースでは、子どもの社会性の能力に問題があることが推測された。親もそのことを意識しているようだった。だからこそ、そのようなエピソードはクライエントを安心させたのであろう。その話をしてカウンセラーに聴いてもらう、受け入れてもらうことで、かつて味わった安心を再確認しようとしているようにも見えた。

別のケースでは、同じような流れで話しながら、たまにそれまで話されていなかった内容が付け加えられることがあった。高校生のとき、しばらく学校を休んだ時期があったことは、毎回の面接で語られていた。しかし、ある面接で、その時期に「誰かに見られている」「盗聴されている」などと子どもが怖がって騒いだことがあった、そのような被害妄想的な症状がひどくなりしばらく精神科に通院した、といったことが付け加えられた。強いストレスを受ければ、再びそのような症状が子どもに出るかもしれないというクライエントの恐れが感じられた。

あるクライエントは、法事や結婚式に出ることのつらさについて話した。「親戚が集まれば、みな子どもや孫の話になるでしょう？　自分たちは息子の話はできませんから。相手も事情を知っているから気を遣ってくれる。尋ねられることもないです。でも、その気遣いもしんどい。自分は向こうの子どもたち、孫たちのことを知りたいと思っていても、話してもらえません」。

そもそも子どもの話をすることは親の喜びである。ひきこもりの子と暮らす親は、その喜びの多くを奪われて生きているともいえる。子どもの話をして、それをカウンセラーに聴いてもらうことは、たとえそれがよい思い出ではなかったとしても、奪われてきた喜びを取り戻す意味が、どこかにあるのかもしれない。幼い頃の子どもとのやりとりを思い出し、親として一生懸命生きていた自分たちを思い出す。子どもとの会話を再現し、笑ったり泣いたり後悔したりする。今の生活のなかで失われている「子どもの話をして、聴いてもらう」という経験を面接室では味わえる。

子どもと過ごした時間の記憶を話すことで、かつての幸せや覚悟、達成なども思い出されるだろう。それらをもって、また現実の世界に戻っていく。そこで子どもとの生活に向き合っていく勇気を得ているのかもしれない。

「役に立つ」とはどういうことなのか

このようなことを書くと、次のような批判が聞こえてきそうである。「じゃあ、結局あなたのカウンセリングは役に立たないですね。ひきこもりの子どもが社会に出るとか、働き始めるということは期待できないじゃないですか。親の気持ちの慰めにしかならないのではないですか」と。

このような考え方も当然理解できるのだが、しかしそれに対して問いたいのは、「あなたにとって『役に立つ』というのは、現実の事態が動くことだけを指しているのですか?」ということである。目に見えるものや触れることができるもの（人のからだも含めて）が動かないと、「役に立った」とか、「仕事がなされた」、さらにいえば「生きた」とはいえないのだろうか。たとえばマッサージを受けてリラックスできた場合でも、何も動いていないので役に立っていない、と言うだろうか。

今の社会の流れのなかに入っていくことを拒否して、ひきこもりを選んでいるように見える子どもがいる。彼らは、繊細さ、頑固さ、強さなどをもっている。ひきこもることができず、自分の一部（ほとんど全部?）を押し殺して、流れにまぎれこんでいる人は多い。私もそうである。ひきこもるのは、かなり勇気のいることといえる。

時代も価値感も違う親世代からすると、それは臆病だとか、ずるいとか、逃げていると見えるのだろう（少し前に流行った「生産性がない」とか）。しかし、社会に出ることを拒否し続ける子どもに向き合ううちに、親はいずれ自分の価値観を見つめ直すことを迫られる。たとえば、自分が正しいと信じてきたことや、幸せとは何かという基準が、子どもの人生や、子どもが生きていく時代には当てはまらないかもしれないというようなことを。

しかしだからといって、これまで自分を支えてきた大切な考え方を手放す（子どもに押しつけるのをあきらめる）ことも簡単にはできない。動かない子どもの近くに暮らしながら、動けない苦しい親もまた一日一日を生きていかねばならない。

カウンセラーに会って同じ話を聴いてもらっていても、状況を自分の望んでいる方向に変化させられるわけではない。表面的には事態は動かない。しかし、子どもの生き方を受け入れる覚悟が自分にできるまで、こうしてこの頼りないカウンセラーに付き合ってもらうぐらいしかないのかな、と、そんなふうにでも思ってもらえるのであれば、あなたの人生のとても大切な時間にかかわらせていただけることを、私は本当に光栄に思う。

コラム⑤ 「関係ない話」の効用

気分に焦点を当てる

第4章（「子どもが言うことを聞かない」）で、子どもが親に言い返すことにはよい面があるということを書いた。話の内容よりも、話している子どもの気分に寄り添ってみれば、受け止めるほうの気持ちも変わるし、状況の見え方も変わってくる。

話の内容に囚われすぎず、話している人の（そして聴いている自分の）気分のほうに焦点を当てるような聴き方を意識してみると、いろいろと面白いことがある。家族とのやりとりや、診察の場面でもそれは当てはまる。

先日のこと。七〇歳の男性患者さんの診察を終えて、「次回はいつにしますか？」と尋ねた。すると彼は壁に貼られた三ヵ月分（七、八、九月）のカレンダーを見て呟いた。

「ええと、今日は七月四日やね。次は八月一日にしてもらおうかな……」

私も少しボーッとしていたようで、「わかりました。では八月一日で……」と電子カルテの予約にチェックを入れようとしたが、なぜかうまくいかない。手間取っていると、横から看護師さんが助けてくれた。

「ちょっと、ちょっと！　先生も、○○さんも！　もう八月末ですよ！　秋になるんですよ！」

二人とも一気に現実に引き戻された。

「え！　もう八月終わり？　うわぁ、来週はもう九月かぁ」と患者さんは驚きながら言った。私も一緒に笑ったのだが、その日は、その後しばらく、「これから暑い夏がやってくる。夏季休暇やお盆もある」という夏を迎える感じが、こころのなかに居座ってしまった。リラックスしているところにズバッと迷いなく言われたので、催眠術師の言葉のように、「今日は七月四日」がこころの奥まで刺さってしまった。患者さんの感じていた時間に同調してしまった。気分に焦点を当てていると、ときにびっくりするようなことが起こる。

これも先日のこと。山のなかにある村に往診した。車を止めると周りがアブだらけで、すぐには車から出られなかった。なんとか車から家のなかに駆け込んだ。しかし、どうも服に一匹ついていたらしく、診察していると脇腹にチクッと感じた。そのときは少しかゆい程度でなんともなかったが、夜になって大きく赤く腫れてきた。かゆみが非常に強い。薬を塗ってもおさまらない。保冷剤を貼り付けてなんとか眠った。翌日、職場で同僚たちに、「昨日、アブに刺されてこんなになった」と脇腹の腫れたところを見せた。「うわー！　えらい腫れてますね！」などと、みな同情してくれた。

これは、「見て～」と言って親の愛情（関心）を求める幼い子どもの態度そのものである（そのときは意識していなかったが）。言うほうには、「相手は自分の言葉にちゃんと反応してくれるはず」という期待（信頼）がある。「それがどうした？」とか「汚い腹を見せるな」いう反応を、（たとえそう思ったとしても）相手はしないだろうという甘えがある。

父とのＬＩＮＥのやりとり

私の父は八〇歳、田舎で一人暮らしをしている。安否確認のためにスマートフォンを持ってもらった。そして父と弟、私の三人で家族ＬＩＮＥをしている。

初めのうちは、朝食に何を食べた、夕食は何だったといった父からのメッセージに、弟と私が「いいね！」「おいしそう！」などと返すだけだった。そのうち父もスマホに慣れてきて、献立のほかにも短い文章が送られてくるようになった。

父は数年前にがんの手術を受けた。それ以来、ときに体調不良になって入院するのだが、たいていは先に熱が出る。そのため毎日熱を測っている。「今日は三七・二度ありました」「三七・五度になりました」「何度測っても三七度台です」など、執拗な体温測定の結果が

LINEで送られてくる。丁寧語なのがどこかわいい。
そしてたいていの場合、「夕食を食べたら三六度台に下がりました」のような一件落着の報告がくる。もしくは、「食べすぎてお腹がはってます」といった、もう熱のことなど過去ですよ、というようなメッセージがくる。そういうときは、弟は心得たもので、熱のことには触れない。「熱は下がったんですか?」などと聞こうものなら、きっと父はまた熱を測るだろうからだ。
父からの体温の報告が始まると、私のリアクションは決まっていて、次のような感じである。

父:体が熱いので体温を測ったら三八度もありました
私:えー!　それは大変ですね!
父:部屋を涼しくしてもう一度測ったら三六度四分でした
私:えー!　よかったですね!

解熱剤を飲みなさいとか、病院に行ったほうがいいですよ、のような「内容に反応した返信」を父は望んでいないようである。それよりも、困ったね、大変だね、心配ですね、といった共感を求めている。母が生きていた頃、父はこうやって熱を測っては、母からの愛情を受け取っていたのだろう。

体調不良について家族と話す

このような体調不良についての報告は、実は家族のコミュニケーションのなかで大きな割合を占めているのではないだろうか。

「家族で話をしましょう」と言われても、何を話したらいいのかわからない人は多い。何を話したらいいのかわからないことに気がついていない場合すらある。何を話しても会話が弾まない。それまでの親子、家族の歴史もあるのだろう。小言ばかり言ってきた、人の悪口ばかり言ってきた、不平ばかり言ってきた、そういう関係だったのかもしれない。

ある八〇代後半の女性の患者さんが、診察のときにつらそうに話し出された。

「腰が痛いんです。薬を飲んでも効かない。痛くて眠れないのはほんまにつらい。でも、先生、この話は息子にはせんとってな。あの子に言うと、『ほな病院行こ！』ってすぐに連れていかれる。いろいろ検査したり、手術とかは私はもうしたくない。でも、そう言うと『それやったら痛いとか言うなっ！』って叱られてしまうんです」

話を聴きながら、「整形外科に紹介状を書きましょうか」と私も言いそうになっていた。痛い、苦しい、という言葉を耳にすると、なんとかしてあげたいと思うのは当然である。その人のためでもあり、同時に、相手が苦しんでいるということを聴かされることのしんどさもある。そこから立ち去りたくなるのである。私の気持ちに先回りするかのように、「息子はすぐに病院に連れていこうとする」と彼女は不満を述べた。治療してほしいのではなく、痛いという話を聴いてほしいのだとわかる。しかし、聴かされるほうにとっては、なかなかしんどいことである。家族であればなおのことだろう。何もせずに気分を受け止めることは、すぐ行動することよりも、ずっとこころのエネルギーを消耗する。

なぜ関係ない話をするのだろう

「患者さんのなかで、友だちになりたいと思うような人はいないよね！」。知人の医師が、飲み会の席でそう言った。それは私の感覚とは違っていた。実際に患者さんと友だちになることはないのだが、縁があれば友だちになりたいなと思うような方は、私の場合は結構いる。この人と飲みに行ったら楽しいだろうな、とよく思う。患者さんから、山歩きや旅のこと、居酒屋やレストランの情報、本や雑誌の情報など、よく教えてもらう。

ただ、いわゆる世間話は、こちらからはしないようにしている。「髪型が変わりましたね、似合ってますね」とか、「素敵な柄の服ですね」などと、思わず言ってしまうこともあるが、できるだけ控えるよう気をつけている。診察の時間は、患者さんの時間だからである。また、「この医者はおしゃべりだ」と思われると、大切な話、人に知られたくない話などを患者さんはしにくくなるだろうと思うからでもある。

患者さんのほうから話してくる場合は、もちろん聴く。治療に関係なさそうな話も多い。それでも、診察に支障が出るほど長く話す人は、そんなにいるわけではない。みなさん、混み具合などもよく理解して、空いてそうだな、というときに時間を気にしながら話してくれている。

診療所では毎年、地元の医大の学生を実習で受け入れている。患者さんの了解を得て、診察に同席してもらう。実習後の振り返りで、「患者さんはなんで関係ない話ばっかりするんですか？」と質問した医学生がいた。診察では、患者さんは病気のことを質問して、医者はそれに答えるものだと彼は思っていたという。治療や検査、薬の説明を、患者さんは聴きにきているのだと。

彼は「関係ない話」の例をいくつか挙げてくれた。思い出せるものをずらっと書いてみる。

・白内障の手術をした。すごくよく見える。もっと早くすればよかった。食べ物がおいしくなった。
・夜中にトイレに行こうとしたら、足の裏が痛んだ。朝起きたらなんともない。歩けるから様子を見ている。
・自分は五人兄弟の一番上。下は全部弟で、一番下の弟だけが最近まで生きていた。その最後の弟もとうとう亡くなった。うちの畑を機械で起こしにきてくれる、やさしい弟だった。もう畑もできない。
・修験道の整備のボランティアで山に行っていたが、膝を痛めたからもう行かれない。
・家のなかでムカデに指を噛まれた。テーブルを持って立とうとしたら、テーブルの天板の裏にいた。とっさに離せず、何回も噛まれた。もう治ったけどずっと腫れていた。
・妻が認知症になってきた。同じ話を何度もする。出来事も忘れる。それを言うと怒る。でも景色や花や果物など、きれいなものを見たときの反応は変わらない。それは昔のあの人のままだ。
・肩が痛くて、肩こりだと思っていた。ブツブツが出てきて皮膚科に行ったら帯状疱疹だった。もう治ったけど、こんなに痛いとは知らなかった。はやぶさを打ち上げるとかより、こういうのをもっとサッと治してほしい。こっちにお金を使わないと。

この学生はしっかり話を聴いていたんだな、と私は感心した。

「聴いてもらったなぁ」という感じ

患者さん一人につき、数分の時間。慢性疾患の場合、当日採血などの結果を見ながら説明し、状態が変わっていなければ、もう何も話すことはない。薬の変更もなければ、診察は本当に一分で終わる。しかし、多くの患者さんが、まるで三分間スピーチのように、何か話をしてくださる。それは適当に世間話をしているのではない。医者にとっては、朝から昼までの時間に三〇人ぐらい次々に診察していくうちの一人にすぎなくても、患者さんにとっては、(たとえ近所からでも)わざわざやってきて、受付をして、待って、医者や看護師に会う、ひと月かふた月に一回のイベントである。

この文章を読んでおられるあなたが若い人であれば想像できないかもしれないが、五〇歳を超えると、何でもどんどん忘れるようになる。「いい話を聴いたなぁ」と思っても、次の日には(いや寝る頃には、いや家に帰る頃にはすでに)何の話だったか思い出せないことが私は日常である。それでも、「いい話だったなぁ」という感じは残るのである(その逆もある)。

診察に来られるのは高齢の方が大半である。忘れると困るような大事な説明は口頭ではなく、書いて渡さないといけない。短い診察の時間には、「医者から何か話を聴いたなぁ」という感じよりも、「話を聴いてもらったなぁ」という感じのほうが、ずっと大事なのではなかろうか。私は患者さんが話されたことはカルテに書き留めている（「弟さんの見舞い、九州に行く」とか、「次女さん出産予定、年末」などのように）。次の診察では前に話されたことをこころに留めながら、私は患者さんの話を待っている。

「主治医は、自分の話を（治療にすぐ関係ないかもしれなくても）聴いてくれる」という期待（信頼、甘え）を患者さんがもっていることは、とても大切だ。それは、出された薬をしっかりと飲むかどうか、生活指導を守るかどうか、必要な検査を受けるかどうか、などにも関係する。「何かあったら診療所で相談しよう」と思いながら日々を過ごせることは、安心のもとにもなる。

これも先日のこと。五〇代の女性。診察が終わって、ふと、「この前、新聞の広告に入っていた〇〇というサプリを通販で買ったんです。一万円ぐらいしました」と話された。買ったことと、値段を言っただけで、「それは効果があるのでしょうか」とか、「飲んでも大丈夫でしょうか」などとは尋ねなかった。

まだ続きがありそうなので、私は黙って彼女のほうを向いていた。すると彼女は、「母親には、これまでもいろいろとものを買っていたんです。でも今回、初めて自分のために買ってみたんです」と、かすかにニコリとしながら言った。そして立ち上がって、いつものように礼を言って出ていかれた。そう話してくれた彼女の思いのようなものが、七月四日のときのように、しばらくこころのなかに漂った。

おわりに

この本は、雑誌『こころの科学』に「症状をもつ力」というタイトルで連載した文章、「こころの現場から」というコーナーに書いたエッセイを集めたものである。「症状をもつ力」は、かつてカウンセリングを始めた頃に出会った「症状はその人にとって大切なものである」という言葉に基づいている。

今から二〇年前、私はある大学で心理学の教員になった。認知心理学や脳科学の授業を担当していたが、医師の経験を活かしてカウンセリングを手伝ってもらえまいか、と依頼された。そして、大学院に併設された心理臨床センターでカウンセリングを行うようになった。

それまで病院で行っていた外来診察と同じように、相談に来る人の症状をどう取り除くか、自分なりに頑張って取り組んだ。しばらくして、担当していたケースを症例検討会で報告した。カウンセラーではないけれど、クライエントの症状を上手に解決できているでしょう、と私は得意げに報告していたと思う。ところが、当時センター長をされていた駒米勝利先生からいただいたコメントは、まったく意外なものだった。

「田中先生は、ちょっと早く治しすぎですね。すぐに症状をとってしまっている」

私はとっさに理解できず、「ですが、先生、症状をとってほしいから、患者さんは面接に来てるんじゃないんですか？」と言い返した。私はまだ三〇歳そこそこ、若かった。かなりムッとしていた。駒米先生はゆっくりと、そしてはっきりとこう返された。

「症状はその人にとって大切なものです。簡単にとってしまっていいはずがない」

机の上に肘をついて、両手を組んでこちらを見据える先生の姿を覚えている。

ちょっと文章で説明しがたいのだが、先生の表情や声の調子もあって、この言葉は自分にとってとても大切なものだと、後から思えば幸いなことだが、素直に受け止めることができた。そして、その日からカウンセリングの勉強を始めた。今でもずっと続けている。

駒米先生には多くのことを教えていただいた。もう一つ、毎日のようにこころに浮かぶ言葉がある。カウンセリングにかかわり始めて数年が経って、再び症例検討会でのこと。私は二年近く面接の続いているケースを報告した。方向が見えず、このままでよいのか、どう考えたらいいのか、まったくわからなくなっていた。そのことを正直に話して報告を終えると、駒米先生はこう言われた。

「そうやって悩んでいる田中先生のことを、僕は信頼できるなあ」

その言葉は、ずっと私の支えになっている。悩んだり苦しんだりするといつも、先生の声や表情、雰囲気と一緒に蘇ってきて、私を励ましてくれる。信じることで相手を支える駒米先生のスタイルを私は自分の仕事の支えとして、これまでやってきている。

＊

この本の原稿を読み返している現在、二〇二〇年四月は、世界中が新型コロナウイルス感染症で大変な状況である。

わが家は、上の三人の子どもたちはすでに家を出ており、私と妻、末っ子の四男の三人で暮らしている。中学三年生の四男は、休校のため、三月初めからもう二ヵ月近くずっと家にいる。

夕食の後で一緒にテレビを観ているとき、四男がふと話しかけてきた。

「昨日、夜、クモが出てさ」

彼から話しかけてくることは珍しい。彼は虫が苦手である。

「こんなでかさで、ほんまやばかった」と、両手の指で輪っかを作って示している。顔は真剣である。

「あのクモは悪いことせえへんよ。小さいゴキブリを食べてくれるらしいよ」と、私は笑いながら返した。

「悪いことするかどうかじゃなくて。とにかくあんなクモは嫌やねん。一時間ぐらい起きて待ってたけど、動かへんし。しょうがないからとなりの部屋のベッドで寝た。そこでも怖かって、なかなか寝られんかった」

「じゃあ、呼んでくれたらよかったのに」

「夜中やったし、起こしてしまうやん……」

「ええよ。虫網で取って、さっと外に出したるから。今度は遠慮せんと何時でも起こしてな」

私はそんなふうに言いながら、クモが怖いなんて、まだかわいいところがあるなぁ、などと思った。しかし、そこで彼の目がうっすらと潤んでいるのが見えて驚いた。

私はようやく気がついた。今、彼は、自分の気持ちを話してくれたんだ、と。夜中に大きなクモが出て怖かった、つらかった。それに対して私は、ああしろこうしろと、指示しか返してない。話の内容よりも気持ちに焦点を当てましょう、とか、共感してそこに一緒にいましょう、とか。そんなことを書いた本の原稿をチェックしている最中にもかかわらず、である。せっかく話しかけてくれた子どもに対して、そこから立ち去ることしかしていない。休校で部活もなく、友だちにも会えず、子どもだってストレスいっぱいである。それなのに自分の居場所に嫌いな巨大グモが出たら、それはつらいだろう。

こういうときこそ、「話してくれてありがとうな。そりゃ嫌だったろうな」と、気持ちに共感する返事をしたかった。どうにかしてほしかったら、彼のほうから言うだろう。それを待つこと、待てることこそが、一緒に暮らすことの果実ではないか。ずっとそう言ってきているのに、自分は何なんだ。

この話を最後に書いたのは、四人の子どもを育て、専門家と称している私は所詮この程度だということを、読者にわかってもらいたかったからである。こうしなければいけないのに自分は全然できていない、と悩む方が多い。面接でもそういう嘆きを毎日のように聞く。でも、大丈夫。気がついたところで立て直せばいい。何回しくじっても、親子なんだから大丈夫。自分のこころの根っこにある愛を信じて、何度でも立て直せばいい。そこにこそ、人生の醍醐味もあるはずだ。

＊

『こころの科学』の連載を通して、編集部の木谷陽平さんには、ずっとお世話になりました。ありがとうございました。

また妻・明美には、毎回の原稿のテーマをどうするかという段階から、執筆も文章のチェックも助けてもらいました。深く感謝しています。
お読みいただいておわかりのように、自分自身の育児経験を通して、私は子どもたちからかけがえのないものを贈られてきました。四人の子どもたちと、その楽しい友人たち、彼らを支えてくださった方々へ。本当にありがとうございました。今後もよろしくお願いいたします。

田中茂樹

田中茂樹 たなか・しげき

一九六五年生まれ。徳島市で育つ。京都大学医学部卒業、同大学院文学研究科博士後期課程（心理学専攻）修了。文学博士（心理学）。医師、臨床心理士。仁愛大学人間学部心理学科教授、同大学附属心理臨床センター主任を経て、現在、佐保川診療所（奈良県）にて地域医療、カウンセリングに従事。著書に『子どもを信じること』（さいはて社）、『子どもが幸せになることば』（ダイヤモンド社）などがある。

去《さ》られるためにそこにいる
子育《こそだ》てに悩《なや》む親《おや》との心理臨床《しんりりんしょう》

二〇二〇年六月二五日　第一版第一刷発行
二〇二三年一〇月一〇日　第一版第五刷発行

著者　田中茂樹《たなかしげき》

発行所　株式会社 日本評論社
〒一七〇-八四七四
東京都豊島区南大塚三-一二-四
電話 〇三-三九八七-八六二一（販売）
〇三-三九八七-八五九八（編集）
振替 〇〇一〇〇-三-一六

印刷所　精文堂印刷
製本所　井上製本所
装画　荒井　千
デザイン　後藤葉子（森デザイン室）

検印省略

ISBN978-4-535-56391-9　Printed in Japan